주니어 대학

사회학

주니어 대학 불편한 질문들이 사회를 발전시킨다고? **사회학**

1판 1쇄 펴냄 2024년 8월 30일 1판 2쇄 펴냄 2025년 1월 20일
지은이 오찬호 그린이 조원희 펴낸이 박상희 편집장 전지선 기획 · 편집 이해선, 송재형
디자인 신현수 펴낸곳 (주)비룡소 출판등록 1994.3.17.(제16-849호) 주소 06027 서울시
강남구 도산대로1길 62 강남출판문화센터 4층 전화 02)515-2000 팩스 02)515-2007
홈페이지 www.bir.co.kr 제품명 어린이용 반양장 도서 제조자명 (주)비룡소 제조국명 대한민국
사용연령 3세 이상 ISBN 978-89-491-5366-7 44330 / 978-89-491-5350-6(세트)
ⓒ 오찬호, 2024. Printed in Seoul, Korea.

불편한 질문들이

오찬호 글   조원희 그림

사회를
발전시킨다고?
-사회학

주니어 대학

비룡소

| 차례 |

2부　사회학의 거장들

3부　사회학, 뭐가 궁금한가요?

여러분은 한글을 언제부터 읽고 쓸 수 있었나요? 누구는 여섯 살 때 학습지를 풀면서 익혔을 것이고, 누구는 다섯 살 때 부모님과 책을 읽으면서 배워나갔을 거예요. 그보다 더 빠른 경우도 있겠죠? 교육과정에 따르면 한글은 초등학교에 들어가서 배우는 게 원칙이고, 학자들은 아동의 발달 과정을 고려할 때 일곱 살 이전에 언어 공부를 하는 건 좋지 않다고 하지만, 한국 사회에서 이를 따르는 사람은 별로 없죠. 무엇이라도 빨리, 남보다 잘해야지만 '좋은 것'이라고 생각하기에 부모라면 당연히 자녀가 네다섯 살 때에는 한글을 익히도록 노력해야 한다고 여기지요.

하지만 어떤 사회에서는 언어를 빨리 배우는 걸 '좋다'고 평가하지 않아요. 이런 일이 있었어요. 독일에 사는 한국인이 자녀가 초등학교에 들어가기 전에 여러 공부를 시켰어요. 언어, 수학 등등을 미리 배워두면 여러모로 '좋다'고 생각했기 때문이에요. 그런데 아이가 입학한 후 학교에서 호출이 왔어요. 부모는 교사에게 어떤 말을 들었을까요? 자녀가 무척 똑똑하니 영재학교에 보내라고 했을까요?

아니에요. 아이 때문에 교실 분위기가 매우 좋지 않다면서 혼이 났어요. 모두가 함께 배워나가야 하는데 누군가가 선행학습을 해서 내용을 다 알고 있으면 다른 학생들이 의기소침해진다는 것이었지요. 남보다 잘하기 위해 미리 공부하는 것이 '남에게 피해를 끼치는 행위'가 될 수 있다고 경고한 셈이지요. '한글도 모르고 초등학교에 입학하게 해선 안 된다'라고 하는 우리나라와는 많이 다르죠?

세상 어디를 가더라도 '교육'은 존재하지만, 어떤 교육을 좋다고 하는지는 결코 같지 않아요. 기준이 다르니 사람들이 살아가는 모습도 다 다르겠죠? 어떤 곳에서는 다섯 살 때 학습지를 푸는 게 당연하지만, 또 어떤 곳에서는 깜짝 놀랄 일이 되기도 하죠.

우리가 살아가는 세상은 사람들이 무엇을 어떻게 해석하는지에 따라서 다른 모습을 보여요. 공공장소에서 휴지로 코를 푸는 걸 예의에 어긋난다고 여기는 나라도 있지만 전혀 상관하지 않는 나라도 있지요. 미국은 사람들이 총을 구입하는 것이 가능하기 때문에 총기 사고가 자주 일어나요. 그런데 미국인 중에는 총기를 소유하는 것을 '타인을 위험에 빠트릴 수 있는 일'이라고 생각하지 않고, 오히려 자신을 지켜주는 일이라고 믿는 사람들이 많아요.

이런 생각의 차이가 왜 발생했는지, 그 답을 찾는 학문이 바로 사회학이에요. 사회가 사람에게 어떤 영향을 어떻게 끼치고 있는 지를 분석하죠. 단순히 어떤 나라는 포크를 쓰고 어떤 나라는 젓 가락을 사용하는 걸 비교하는 건 아니에요.

분명한 차별을 차별이 아니라고 할 때, 분명한 폭력을 폭력이 아 니라고 할 때 사회학은 질문을 던져요. 사람들이 '그래도 괜찮아.' 라고 생각하는 고정관념에 대해 정말 그래도 괜찮은지를 따지지 요. 그렇게 해야지만 한 명이라도 더 평등해지고, 우리가 사는 세 상이 어제보다 나아지기 때문이에요. 사회학이 세상에 던지는 질 문이 여러분의 주변을 돌아보게 하는 계기가 되었으면 좋겠어요.

1부

사회학,
개인과 사회를
연결하다

01

원래 그런 것은
없다

어린이가

옛날에는
없었다고?

"노는 게 제일 좋아. 친구들 모여라."

여러분이 수백 번은 불렀을 애니메이션 「뽀롱뽀롱 뽀로로」의 주제가입니다. 한번 머릿속으로 '어린이'를 떠올려 보세요. 아이들이 신나게 뛰어노는 모습이 그려지지 않나요? 미래의 주인공인 어린이가 자유롭고 신나게 노는 건 너무나 자연스러워요. 이러한 어린이가 보호받고 제대로 교육받을 수 있도록 사회가 관심을 가지는 게 당연하겠죠? 아동을 대상으로 한 범죄를 더 엄하게 처벌하는 이유도 그만큼 아동이 소중하기 때문이지요.

하지만 어린이를 바라보는 태도가 항상 같았던 건 아니에요. 전쟁이 빈번하고, 전염병이 유행해도 마땅한 예방책이 없던 시절을 살고 있다고 생각해 보세요. 흉년까지 겹쳐서 항상 배고픈 일상을 보내고 있는데 여기저기서 죽는 사람들도 많아요. 아파도 치료받지 못하죠. 지금은 간단한 수술이면 해결될 일이 예전에는 아니었으니까요. 이처럼 자신의 미래에도 희망이 없는데 '아이를 소중하게 여기자'는 태도가 가능할까요?

평균 수명도 짧고 사고로 목숨을 잃을 경우도 허다하면 어린이가 자라서 무엇을 할 것인지에 대한 관심이 낮을 수밖에 없어요. 한 치 앞도 어떻게 될지 모르니, '나중에 어떤 일을 하겠다'는 희망과 포부가 별로 없는 것이지요. 그러니 사람은 태어나서 가족과 함께 농사를 지으며 평생 살아가는 것에 불과했죠. 직업이란 게 몇 개 없었기에 장래 희망 따윈 없었어요. 아이는 농사일에 투입될 노동력을 지닌 사람일 뿐이었죠. 그래서 지금 여러분이 학교를 혼자서 갈 수 있을 나이 정도가 되었을 때부터 공부가 아니라 일을 했어요.

이때는 사람들이 보호를 해줘야 하는 '아동'이 아니라 '작은 성인'으로서 어린이들을 대했어요. 비록 성인만큼은 일을 못할지라도 살아가는 방식은 비슷했어요. 지금처럼 '어른이 되기까지' 더 보호받고, 더 교육받아야 하는 아이라는 개념이 별로 없었기 때문이에요. 이때는 아이가 공부를 하고 싶다고 부모에게 말해 봤자 쓸데없는 소릴 한다고 핀잔을 들을 가능성이 매우 높았어요. 미래

가 불안정한데 공부를 한다는 건 시간을 낭비하는 거라고 여겼기 때문이지요.

하지만 세상이 변하면서 사람들의 생각도 달라졌어요. 단적인 예로, 영국의 의사 에드워드 제너(1749년~1823년)가 인류 최초의 예방접종을 시도한 1796년 이후 사람들은 천연두에 걸려 죽을 공포로부터 자유로워졌어요. 의료 기술이 발전한다는 것은 인류의 평균수명이 늘어났음을 뜻해요. 아파도 죽지 않는다는 확신과 오래 살 수 있다는 희망은 사람들을 변화시켰어요. 미래에 무엇이 되고 싶다는 욕망이 꿈틀거리기 시작한 거죠. 이는 현재를 희생해야지만 가능하다는 것도 알게 되었죠.

가정에서 아이를 대하는 태도도 달라졌겠죠? 하루라도 빨리 농사일에 투입하는 것보다, 아이가 장래를 위한 계획을 세우고 차근차근 실천하는 걸 중요하게 여기게 됩니다. 쉽게 말해, 당장 돈을 안 벌어도 좋으니 미래를 준비할 시간을 아이들에게 허락한 것이지요. 지금처럼 스무 살이 넘어서 대학도 가고 서른 살이 넘어서 로스쿨에도 갈 수 있는 건, 또 인생은 마흔부터라며 뒤늦게 공부를 할 수 있는 것도 인간이 80년은 거뜬히 살 수 있다는 확신이 없다면 아마 불가능하지 않을까요?

직업이 많아진 것도 인식을 바꾸는 데 한몫했어요. 산업혁명 이후 사람들은 기계를 다루면서 돈을 벌 수 있게 되었어요. 그런데 새로운 일자리에 적응하기 위해서는 기술이 필요했고, 기술의 원리를 이해해야만 했죠. '배움'이 국가적으로 중요해진 거예요. 의무 교육도 이때 등장했어요. 적당한 시기에 의무적으로 학교를 다닌 사람들이 노동자의 삶에 적응할 수 있고, 이는 나라의 경제에 도움이 되기 때문이지요. 그러면서 "지금은 배울 때다!"라는 말이 처음으로 등장했어요. 즉, 보호받아야 하는 '아동기'의 개념이 생긴 것이지요. 『백설 공주』 이야기도 시대적 흐름에 맞추어 50년간 7번이나 수정되었어요. 원래 있었던 잔인한 장면들이 수정되고, 아동이 읽기에 부적절하다고 판단되는 구절들은 삭제되었죠.

아동을 소중하게 여기는 개념도 사회가 변화하면서 가능해졌고, 또 아동에게 어떤 것이 좋지 않다고 판단하는 기준도 사회마다 다 달라요. 우리나라는 학생이 만화책을 보거나 게임을 하는 걸 오랫동안 나쁘다고 여겼어요. 머리가 짧아야 모범생이고 기준보다 길면 두발 불량자라고 했지요. 하지만 다른 나라에는 그런 기준이 전혀 없었어요.

우리는 '이건 어린이에게 좋지 않아.', '이런 걸 아이들이 하면 안 되지.' 등의 말들을 자연스럽게 듣고 또 하기도 해요. 원래 그래야 하는 것이라고 여기면서요. 하지만 그 사람이 속한 사회의 영향을 받지 않는 '원래 그런 것'은 없어요.

초콜릿 하나로

밤새도록
이야기하기

'원래 그런 것은 없다.'라는 표현은 우리의 생각과 말, 행동에는 사회적인 이유가 있음을 강조하기 위함이에요. 우리가 접하는 모든 것에는 사회의 숨결이 배어 있죠. 치킨 한 마리가 식탁에 있다고 생각해 보세요. 그저 '닭'이라는 동물에 불과한 음식일까요? 1년에 대한민국에서 죽은 닭의 수가 얼마일까요? 놀라지 마세요. 무려 10억 마리가 넘어요. 이걸 인구수로 따지면, 1인당 1년에 약 20마리쯤 먹는 셈이죠. 우리나라가 특히 닭이 잘 자라는 환경이기라도 한 걸까요?

자연 상태에서 닭은 10년 안팎을 살아요. 하지만 오늘날의 닭은 30일가량만 살죠. 사람들은 닭이 30일 만에 다 자라도록 개량했어요. 닭을 덜 움직이게 해 더 빨리 살찌우려고 매우 좁은 공간에서 기르죠. 이게 기술의 혁신일까요? 특히 사람들이 닭 가슴살을 좋아한 탓에 닭의 가슴만 유독 더 크게 성장하게 만들었어요. 그러면 체중 때문에 닭은 다리가 아프겠죠? 즉, 사람들이 닭을 많이 먹게 되면서 닭은 더 많은 아픔을 겪고 있는 거예요.

슈퍼마켓에서 쉽게 볼 수 있는 초콜릿에 대해서 말해볼까요? 초콜릿의 원료는 카카오 열매예요. 대부분의 카카오는 아프리카 서쪽 지역의 나라들에서 생산이 되죠. 그런데 그 지역의 카카오 농장에서 아동을 학대한다는 뉴스가 몇 년 전부터 꾸준히 보도되어요. 여러분이 학교에 갈 때, 어느 지역의 어린이들은 하루 종일 카카오 열매를 따고 껍질을 벗기는 노동을 해야 하고, 이마저도 제대로 된 보상을 받지 못해요. 말 그대로 '노예처럼' 일하고 있는 거지요. 그렇게 카카오가 수확된 덕분에 우리나라에서는 싼값에 초콜릿을 먹을 수 있죠.

카카오에는 슬픈 역사가 있어요. 원래 카카오는 중남미 아메리카 지역에서 오래전부터 생산되었어요. 16세기에 이 지역을 스페인 군대가 침략하면서 카카오도 유럽에 알려지게 되었죠. 유럽 사람들은 카카오를 재료 삼아 초콜릿으로 만드는 데 성공했고 그 인기는 가히 폭발적이었어요. 19세기 후반이 되자 유럽의 여러 나라에서는 카카오나무를 유럽과 가까운 아프리카로 가지고 와서

재배하기 시작했어요. 아프리카에는 값싼 노동력을 제공할 수 있는 원주민들이 있었거든요. 유럽 사람들은 자신들이 지배하는 나라에서 다른 농업 생산은 금지시키고, 전부 카카오 농장으로 만들어서 사람들을 일하게 했죠. 이것이 지금도 크게 달라지지 않았어요. 카카오 농장이 아니면 일을 할 수 없는 사람들을 이용해서 기업이 돈을 벌려고 하기 때문이에요. 여기서 일하는 노동자들은 초콜릿조차 마음껏 사 먹기 어려울 정도로 부당한 대우를 받고 있어요.

한편, 커피는 카카오와 반대예요. 커피는 서아시아와 아프리카 일부 지역에서 생산되었죠. 17세기에 이르러 유럽 사람들이 커피를 좋아하게 되자 판매상들은 볶은 커피콩만을 비싼 가격에 수출했어요. 그러자 유럽 사람들은 자신들이 커피나무를 재배하고 싶어 했어요. 하지만 유럽의 기후에서는 커피나무가 잘 자라지 않자, 자신들의 식민지인 중남미 아메리카에 가서 커피농장을 만들었어요. 그리고 원주민들을 강제로 일하게 했죠. 일손이 더 필요해지자 아프리카의 흑인들을 배에 실어 그곳으로 데리고 갔어요.

초콜릿과 커피가 유행하니 설탕의 인기도 덩달아 올랐어요. 유럽 사람들은 카리브해 지역의 식민지에 사탕수수 농장을 만들고, 아프리카 사람들을 끌고 와 노예로 삼아 일하게 했어요. 설탕 1톤이 만들어질 때마다 노예 한 명이 죽었다는 연구도 있어요. 지금

공정 무역은 선진국과 개발도 상국 사이의 불공정한 무역 구조 때문에 일어나는 노동력 착취, 환경파괴, 인권침해 등의 문제를 해결하기 위해, 생산자에게 공정한 가격을 지불하도록 촉구하는 무역형태이자 사회운동이다.

은 노예제도가 없어졌지만, 커피농장에는 매우 힘들게 일하며 살아가는 사람들이 많아요. 커피를 '흑인의 눈물'이라고도 하는 이유죠.

노예는 아주 옛날에나 존재한 것 같죠? 그래서 지금의 세계와는 별 관련이 없어 보이지만 그렇지 않아요. 유럽은 값싼 노동력을 통해 얻은 물자로 발전할 수 있었어요. 유럽의 예술이 그토록 대단할 수 있었던 건 다른 나라 땅을 식민지로 만들고 그곳 사람을 노예처럼 부렸던 슬픈 역사가 있었기 때문이에요. 이처럼 평범한 초콜릿과 커피에 얽혀 있는 이야기를 따져보며 개인과 사회의 관계를 이해할 수 있어요.

사회학은 한마디로 말한다면 '관계'를 고민하는 것이에요. 어떤 역사와 문화가 얽히고설켜서 무엇이 존재하게 되었는지를 따지는 것이죠.

주니어 대학_사회학

사회학적
상상력을

알려드립니다

　　부부가 법적으로 헤어지는 것을 '이혼'이라고 해
요. 부부가 언제나 사이가 좋을 수는 없기에 결혼 제도가 있는 곳
에는 반드시 이혼도 존재하죠. 일반적으로 서로가 서로를 존중하
고 배려하면 사이가 나빠지지 않는다고 여겨요. 그래서 "이혼하는
사람들은 성격에 문제가 있는 거야!"라고 말하는 사람들이 많죠.
그렇다면 현대사회에 이혼하는 부부가 많아진 것은 갑자기 그만
큼 성격이 나쁜 사람들이 증가했기 때문일까요?

　　시대가 변하면서 사람들은 '나'를 소중히 여기게 되었어요. 결혼
생활을 하면서 생기는 배우자의 폭력, 혹은 성격 차이에 따른 갈
등을 더 이상 참고 받아들이지 않는다는 것이죠. 즉, 사람들의 성

격이 나빠져서가 아니라, 개개인이 자신의 인생을 더욱 소중히 여기게 되었기 때문에 이혼을 선택하게 된 것이죠. 여성의 경제활동이 과거에 비해 자유로워졌기에 가능해졌다는 점도 간과할 수 없어요. 여성이 누군가에게 의존하지 않고도 살아갈 수 있다는 확신이 없다면 이혼은 불가능한 일이니까요.

그렇다고 여성의 경제활동이 의지만으로 개선된 것은 아니에요. 아이를 돌보는 기관이 곳곳에 많아졌고, 이를 이용하는 비용이 저렴해졌다는 점도 한몫했지요. 여성 스스로도 '엄마가 육아를 전담해야 한다'고 여기지 않게 되었어요. 옛날처럼 여성이라고 교육을 포기하는 일도 사라졌지요. 또 배운 것을 사회에서 쓸모 있게 사용하며 살아가고 싶은 욕망도 커졌고요. 물론 이런 변화의 목적이 '이혼을 하라'는 건 아니었을 거예요. 하지만 세상의 한 측면은 늘 다른 쪽에 영향을 끼쳐요. 개인과 사회는 연결되어 있으니까요. 자신을 소중하게 여기는 긍정적 변화가 기존의 가족제도에 균열을 일으키게 된 것이죠.

이처럼 어떠한 현상에 얽혀 있는 사회적 이유를 양파 껍질처럼 벗겨내며 찾아가는 것을 '사회학적 상상력'이라고 해요. 라이트 밀스(1916년~1962년)라는 미국의 사회학자가 제시한 개념이에요. 개인에게 벌어지는 일들과 연결된 모든 변수를 추적하는 것이지요. 사회학적 상상력을 적용하면 사회가 개인에게 어떤 영향을 끼치

는지를 파악할 수 있어요. 그렇기에 사회학자들은 누가 불안하고 초조해한다고 해서 "저 사람은 마음이 약해서 그래." 혹은 "저런 사람들은 언제나 존재해."라는 식으로 말하지 않아요. '누가', '어떤 이유로' 불안해하는지를 생각하죠. 직장을 잃어서다? 그러면 또 묻죠. '왜 저 사람은 직장을 잃었을까? 단순히 능력이 부족해서 일까?' 하고요. 예를 들어 코로나19 바이러스가 유행하던 2020년, 항공업계와 여행업계에서는 아무리 유능한 사람이라 할지라도 해고를 당하는 경우가 많았어요. 즉, 해고를 단순히 개인의 역량 부족만으로 말할 수 없다는 것이죠. 사회학적 상상력은 우리 사회가 만약을 대비한 정책을 마련해 두었다면, 해고를 당한 노동자라 할지라도 덜 힘들 수 있지 않았을까를 고민하게 해요.

개인을 사회와 떨어트려 놓고 설명하는 건 불가능해요. 우리는 본인의 의지와 상관없이 '사회구조' 안에서 살아가요. 여러분도 마찬가지지요. 열둘 혹은 열세 살인 여러분이 학교에 다니는 것, 결코 당연한 게 아니에요. 불과 100년 전에 태어났다면 학교가 아닌 곳에서 일을 했을지도 몰라요. 국어, 영어, 수학이 제일 중요하다고 여기는 것도 다른 나라에서 학교를 다닌다면 아닐 수도 있어요. 어떤 나라에서는 초등학교 때 '앞으로 노동자로서 당당하게 살아가기 위해 반드시 알아야 할 것'을 가르치기도 하니까요. 이처럼 사회학적 상상력은 과거와 현재를 비교하고, 여러 나라들의 모습을 관찰하면서 지금의 내가 당연하다고 여기는 것을 당연하지 않게 보는 것을 가능하게 해요.

정치인이 사회학적 상상력 없이 세상 문제를 바라보면 끔찍한 결과가 나타나요. 일례로 집값이 너무 비싸고, 취업이 쉽지 않아서 힘들다고 토로하는 청년들에게 "요즘 젊은이들은 나약하다. 나는 그 나이 때에 저렇게 살지 않았다."라고 말하는 정치인이 있어요. 본인이 살았던 사회와 지금의 사회를 동일하다고 믿기 때문이죠.

사회학적 상상력은 개인에게 나타난 문제를 쉽게 결론지어 설명하지 않아요. 그래서 사회학자들은 "정신만 차리면 불가능은 없다."라는 말을 신중하게 해요. 비정규직이라는 이유로 해고를 당해 불행한 사람들이 있다면, 비정규직을 줄이는 정책을 세우는 게 그 사람들을 행복하게 하는 가장 확실한 처방이 아닐까요? 시험을 쳐서 1등부터 꼴찌까지 줄을 세우는 평가 방식이 문제라면 이를 개선해 나가는 것이 중요하지 "원래 세상은 전쟁터다. 강자만이 살아남는다!"라고 말해선 안 되겠지요.

02

사람들의 삶을
변화시킨
결정적인 사건들

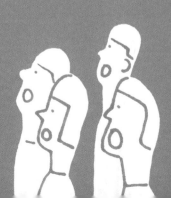

옛날에는

등산을
하지 않았다

"제발, 북한산으로 오지 마세요!"

서울 북한산 근처의 지하철역 입구에 있던 광고입니다. 건강에 좋은 등산을 하지 말라니, 이상하죠? 이유는 너무 많은 등산객이 북한산을 찾았기 때문이에요. 북한산은 한때 1년에 천만 명이 넘게 방문했어요. 지금도 설악산, 지리산, 한라산 등등 대한민국 곳곳이 주말만 되면 산을 가려는 사람들로 넘쳐나요. 당연히 산이 훼손되고 쓰레기 문제도 심각하겠죠? 그래서 산에도 휴식이 필요하다면서 몇 년 간 등산을 못하게끔 하는 경우도 많답니다. 그 정도로 한국인들은 등산을 무척 좋아하지요.

혹시 대한민국 사람들이 산을 좋아하는 기질이라도 타고난 것일까요? 힘들게 산에 오르는 걸 좋아하는 유전자는 없어요. 한국에서 등산, 단풍놀이 등의 말이 자연스러워진 건 고작 50~60년 전부터죠. 1960년대 이전에는 "이번 주말에는 등산이나 갈까?" 같은 말을 하는 사람이 드물었어요. 누가 그렇게 묻는다면 이런 답을 들었겠죠. "쉬는 날에 힘들게 산에 왜 가?" 100년 전이라면 이런 답을 들었을지도 몰라요. "호랑이에게 잡아먹히려고 환장했구나." 이처럼 취미로 산을 오른다는 건 하루하루 살아가기에 바쁜 평범한 사람들의 생각 속에 존재하지 않았어요. 물론 조선 시대에도 '진경산수화'처럼 우리나라의 산천을 직접 보고 그리던 사람들이 있었어요. 하지만 그때의 보통 사람들이 '겸재 정선'처럼 살았다고 할 수는 없어요.

인간이 취미를 즐긴 건 얼마 되지 않아요. 먼 옛날에는 굶어 죽지 않고 밥을 먹는 게 제일 중요했으니까요. 그래서 취미란 상류층만의 문화였죠. 하지만 경제성장을 통해 사람들이 배고픔에서 점점 벗어나면서 생각이 달라졌어요. 단순히 체력을 보충하는 휴식이 아니라, 보다 보람되게 시간을 보내고 싶어졌죠. 이는 한국만이 아니라, 산업혁명 이후 전 세계에서 공통적으로 나타나는 현상이에요. 물론 2천 년 전에 공자는 태산에 올라 세상의 이치를 고민했다고 하지만, 말 그대로 산은 도 닦는 사람이 수련을 하러 가는 곳에 불과했어요. 보통 사람들에게 산은 오직 이동을 위해서 어쩔

수 없이 힘겹게 오르내리는 길이거나, 식량을 구하기 위해 맹수를 만날 두려움을 이겨내며 가야 하는 곳이었죠.

지금은 죽기 전에 꼭 가봐야 할 관광명소로 꼽히는 유럽의 알프스산맥도 200년 전에는 그저 '얼어 죽을 확률이 높은 산'에 불과했어요. 하지만 산업화가 시작되던 1700년대 말부터 알프스산맥을 '멋진 풍경'으로 기록하는 사람들이 늘어났죠. 그전과 같은 풍경이었지만, 사람들은 이를 감상하고 감동을 받았어요. 산을 바라보는 '의미'가 달라졌기 때문이지요. 이처럼 대상은 동일하더라도 사회의 변화에 따라 사람들의 생각은 변화하는 것이에요.

경제가 성장하면서 사람들은 자연을 완전히 다른 태도로 접했어요. 자연을 두려워하는 게 아니라, 이용하고 정복하는 대상으로 여기기 시작한 거죠. 기술의 발달로 등산에 적합한 의류와 신발이 개발되었고 여러 장비들도 등장했어요. 자연스레 산에 대한 두려움이 사라지게 된 것이죠. 현대사회에서 여전히 등산이 사람들에게 인기 있는 이유는 건강을 지키기 위함도 크지만, 산을 힘겹게 오르며 성취감을 느끼는 게 경쟁이 치열한 자본주의 사회를 살아가는 사람들에게 매우 중요하기 때문이에요. 새해 첫날에는 일출을 보기 위해 산을 찾는 사람이 많아요. 그곳에서 "산이 너무 좋아!"라고 외치는 사람은 없어요. 올해는 꼭 성공하게 해달라, 취업하게 해달라, 대학에 붙게 해달라 등등의 소원을 빌지요. 즉, 산이 좋아서만이 아니라 일상의 불안을 이기려고 오르는 것이지요.

사회학자들은 '그 전과, 그 이후'라는 표현을 자주 사용해요. 사회의 특별한 변화가 사람들의 행동과 생각을 확 바꿔버리는 것에 주목하기 때문이죠. '산업화'는 인류의 삶을 획기적으로 변화시켰어요. 많은 것을 개발하려고 했고, 자본주의도, 민주주의도 이때를 기점으로 분명한 형태를 갖춰가요. 이렇게 기술의 개발이 일으킨 인간 생활의 전체적인 변화를 '근대화'라고 해요.

주니어 대학_사회학

스마트폰이
가져다준

행복과 불행

한국에서 역대 최다 음반 판매량 순위를 살펴보면 1990년대 즈음부터 2000년대 초까지 활동했던 가수들이 많아요. 김건모, 신승훈, 조성모, 서태지와 아이들, 지오디, 룰라 등등이죠. BTS가 등장하기 전까지 1990년대에 활동한 가수들의 기록이 20년 넘게 유지되었어요.

1990년대 노래는 지금도 TV에 종종 등장해요. 2015~2020년 사이에 방송했던 「투유 프로젝트 슈가맨」은 대한민국 가요계의 한 시대를 풍미했다가 사라진 가수를 찾는 프로그램이었어요. 이 프로그램에 등장한 음악들은 대부분 1990년대 히트 가요였죠. 당시에 활동했던 가수들은 지금도 예능 프로그램 등에 꾸준히 출연

하고 있어요. 「런닝맨」의 김종국, 「벌거벗은 세계사」의 은지원 등
도 당시 매우 유명했던 그룹 출신 가수들이죠.

특정 시기의 음악이 오랫동안 사랑받는 이유는 무엇일까요? 왜
1990년대의 음악이 1970년대의 음악보다, 그리고 2010년대의 음
악보다 더 자주 언급될까요? 이것은 사람들이 음악에 부여했던
의미가 1990년대에 매우 남달랐기 때문이에요. 여러 이유가 있는
데, 그중 하나는 기술의 발전으로 사람들이 음악을 접하는 게 훨
씬 편해졌기 때문이에요. 옛날에는 음악을 지금의 스마트폰 크기
정도인 카세트테이프나 동그란 접시처럼 생긴 CD를 통해서 들었
어요. 이를 작동시키려면 별도의 기계가 필요했죠. 지금처럼 손쉽
게 검색하고 클릭하면 노래가 나오는 시대가 아니었으니까요. 그
런데 이 기계들이 제법 비쌌어요. 크기도 지금의 스마트폰보다 훨
씬 컸죠. 가정에 한 개 정도 있을 뿐이어서 형제자매들끼리 자기
가 먼저 쓰겠다고 싸우는 경우도 많았지요.

그런데 기술의 발전으로 기계들이 점점 소형화가 되었어요.
1980~1990년대에는 가방이나 주머니에 플레이어를 넣고 이어폰
을 꽂으면, 길을 걸으면서도 음악을 들을 수 있었어요. 그 이후로
어떤 변화가 생겼을까요? 음악 감상이 일상이 되고 취미가 되었
죠. 사람들은 앨범을 구매하는 것을 망설이지 않게 되었고요. 가
격이 싼 것도 아니었어요. 1995년에 앨범 CD 한 장이 1만 3천 원

정도 했어요. 그 당시에 짜장면이 2천 원이었으니 꽤 비싸죠? 그만큼 사람들이 자신이 좋아하는 가수, 좋아하는 노래에 애정을 쏟았다는 말이에요. 이런 분위기가 있었기에 여러 가수들이 등장할 수 있었어요. 지금의 '아이돌그룹'을 배출하는 기획사들도 이때부터 생겨났죠.

1990년대의 대중음악 전성기를 기계 하나 때문이라고 설명할 순 없지만, 특정한 제품의 등장이 사람들의 생각을 바꿀 수 있었다는 건 분명해요. 구석기시대, 신석기시대는 사람들이 어떤 도구를 사용했는지에 따라 달라진 거예요. 예컨대 바퀴가 등장하면서 이동이 어렵다는 생각이 사라졌어요. 철도가 생기면서 멀리 가고 싶다는 욕망이 증가했죠. 세탁기의 발명으로 여성의 빨래 노동에 한결 여유가 생겼고요.

2007년, 미국 기업 애플의 최고 경영자이던 스티브 잡스는 '아이폰'을 소개했어요. 스마트폰이 지배하는 세상이 도래한 거죠. 휴대폰이나 컴퓨터는 엄청난 물건이에요. 그런데 스마트폰은 컴퓨터를 손에 들고 다니는 전화기 안에 넣어버렸어요. 1990년대만 하더라도 가정에 컴퓨터가 한 대 있는 것도 흔치 않은 일이었는데 지금은 어떻게 되었죠? 4인 가족 모두가 컴퓨터를 손에 들고 있는 세상이 되었지요.

이후로 어떤 변화가 생겼을까요? 예전에는 대학생들이 공부를

하다가 모르는 것이 있으면 도서관에 가서 책을 찾아 읽으면서 자료를 찾았죠. 궁금한 것의 의문을 풀려면 적어도 하루는 꼬박 투자해야 했어요. 그런데 지금은 그럴 필요가 없어요. 검색만 잘하면 몇 분 만에 원하는 정보를 얻을 수 있어요. 버스 정류장의 위치를 파악하고, 내가 몇 번 버스를 타야 하는지, 그리고 그 버스가 언제 오는지까지도 작은 전화기가 알려주죠. 그 안에 라디오도, 텔레비전도 다 들어가 있으니 사람들은 스마트폰만 있으면 못 할 것이 없는 세상에 살고 있어요.

하지만 문제점도 많아요. 스마트폰 단말기 가격이나 통신료가 부담스러운 사람들은 정보를 쉽게 얻질 못하죠. 또 기계에 익숙하지 않은 노인들은 소외감을 느껴요. 인터넷으로 예매한 사람만 입장할 수 있는 박물관에서 노인들은 매표소를 찾는다고 두리번거릴 때가 있어요. 식당에서는 키오스크(무인 정보 단말기)로 음식을 주문하면서 어려움을 겪기도 해요. 그럴 때 이분들은 얼마나 속상할까요?

부정적인 변화는 또 있어요. 스마트폰은 사람들을 언제나, 어디에서나 일을 할 수 있도록 도와주죠. 지하철에서 이메일에 답을 할 수도 있고 카페에서 화상회의에 참여할 수도 있어요. 그러니 퇴근 후에도 일을 하는 사람들이 늘어났어요. 그래서 일정 시간이 지나면 모바일 메신저 앱으로 업무 지시하는 걸 금지하는 법이 필요하다는 이야기까지 나왔어요. 유럽에서는 퇴근 시간 이후 업무 관련 이메일이나 메시지를 발송하는 것을 금지하기도 해요.

또한 사람들 사이의 대화도 사라졌어요. 식당에서 마주 보고 앉아 음식을 먹으면서도 서로를 바라보지 않고, 각자 자기 전화기만 보고 있는 풍경은 예전에는 상상도 할 수 없는 일이었죠. 사람들 얼굴을 보는 게 서먹해진 시대가 도래한 거예요. 스마트폰만 있으면 무엇이든지 할 수 있는 세상, 이 말은 종일 스마트폰만 들여다보는 사람이 많아졌음을 뜻하기도 해요.

6·25 전쟁과
IMF 구제금융 사태가

한국인들에게 끼친 영향

    2020년은 전 세계가 코로나19 바이러스 때문에 매우 힘든 해였어요. 마스크를 쓰는 것과 '비대면'이라는 말에도 익숙해졌죠. 친구를 자주 만날 수 없었고, 배달 음식을 시켜 먹는 것이 일상이었어요. 이렇게 전염병이 우리의 삶을 바꾸었듯, 한국인들의 일상을 바꾼 역사적 순간들을 살펴볼까요?

    1950년에 발발한 6·25 전쟁은 한국 사회에 엄청난 영향을 끼쳤어요. 3년간 수많은 사람들이 죽고 다쳤죠. 가족들은 뿔뿔이 흩어졌고요. 삶의 터전을 잃어버린 사람들의 상실감은 엄청났어요. 몸이 힘든 만큼 마음도 차가워졌지요. 이때부터 한국 사람들은 '북한'을 원수처럼 미워하게 되었어요. 우리나라는 1945년에 일제강

점기가 끝나면서 미국과 소련(지금의 러시아와 그 주위 일부로 이루어진 연방공화국)에 의해 강제로 두 동강이 났어요. 그 일이 생기기 불과 몇 년 전까지만 해도 북한은 그저 잠시 만나지 못하고 있는 같은 민족이었죠. 하지만 전쟁으로 북한에 대한 '의미'가 송두리째 변해버린 거예요.

그 정서는 한국 사회에 오랫동안 '반공 사상(공산주의의 이념에 반대하는 것)'으로 남게 되었어요. 북한의 '북' 자만 말해도 "사상이 의심스럽다."면서 다그쳤어요. 지금도 선거철만 되면 상대 후보를 헐뜯기 위해 "저 사람은 북한의 사상에 동조합니다!"라는 식으로 말하는 사람들이 많은 이유죠. 아직도 북한과 관련 있는 것은 무조건 나쁘다고 여기는 사람들이 많아요.

1997년 말에 있었던 IMF(국제통화기금) 구제금융 사태도 한국인들에게 큰 상처로 남았어요. 당시 우리나라의 외환 보유고는 매우 부족했어요. 국가의 금고가 텅 비었으니 나라의 신뢰도가 하락했겠죠? 그러니 여러 투자자들이 국내 기업과의 거래를 취소했어요. 현금이 없는 기업들은 은행에서 빌린 돈을 갚지 못하면서 파산하기에 이르렀죠. 많은 노동자들이 월급을 받지 못해 힘들어했어요. 그래서 정부는 IMF에 돈을 빌리게 됐고, 대신에 IMF는 한국에게 여러 요구를 했어요. 부실기업을 억지로 살려서는 안 되고 기업이 노동자를 자유롭게 해고할 수 있도록 하라고 했죠.

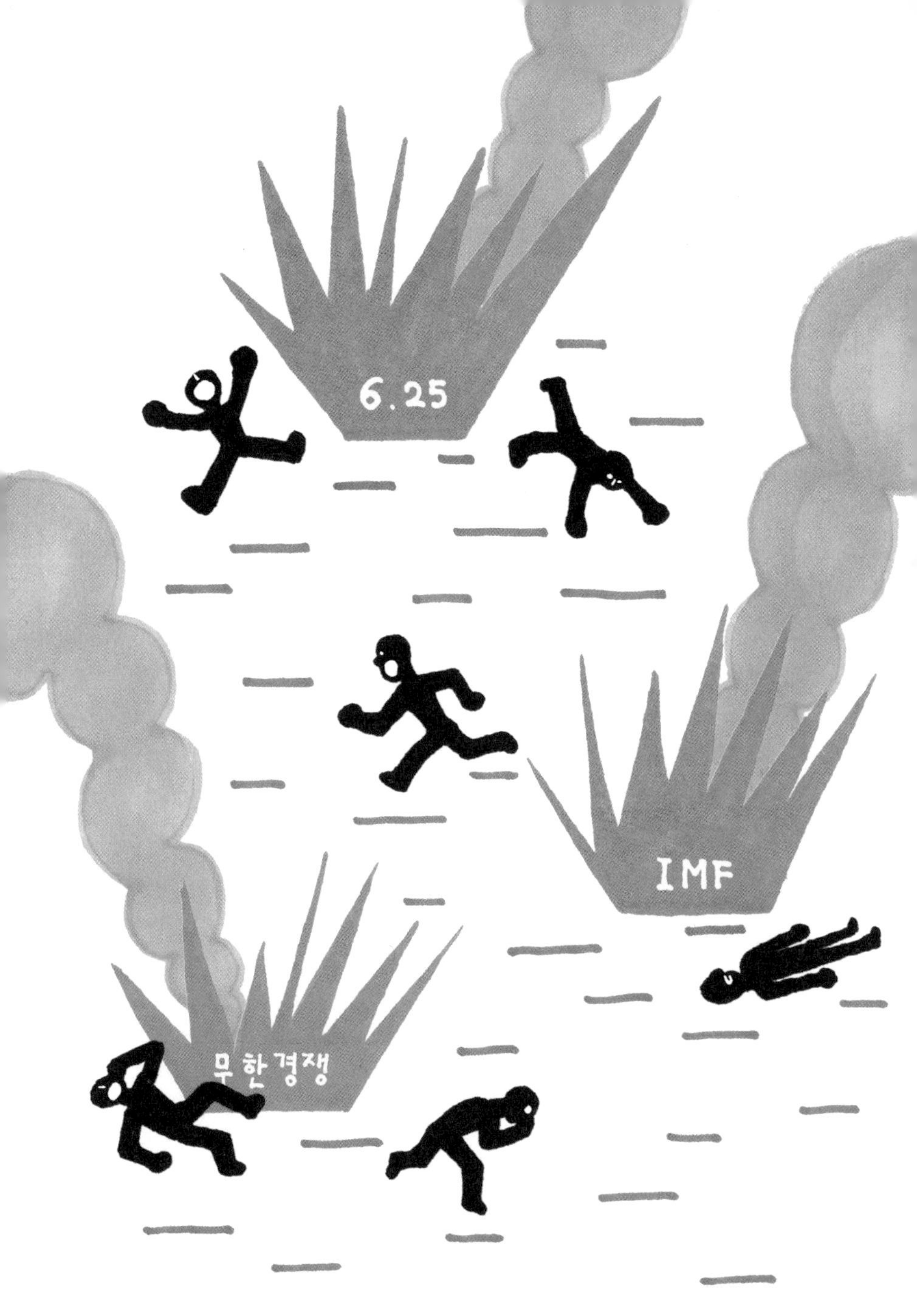
6.25
IMF
무한경쟁

1998년의 한국은 매우 끔찍했어요. 실업률이 치솟았고 거리에는 노숙자가 넘쳐났죠. 무료 급식을 받기 위한 줄이 끝이 보이지 않을 정도였어요. 비정규직 노동자라는 말도 이때부터 등장했고 자살률이 급증했어요. 청년실업도 새로운 문제로 등장했죠. 기업이 신입 사원을 조금만 뽑았기 때문이에요. 그러니 경쟁이 치열해졌겠죠? 토익 시험 점수는 물론이고, 어학연수를 다녀오지 않고서는 대기업에 입사하는 것이 어려워졌지요.

또 청년들은 자신들의 아버지 세대들이 갑작스럽게 해고를 당하는 것을 보고 회사에 들어가도 안정적으로 일할 수 없다는 것을 알게 되었어요. 그래서 비교적 정년이 보장되는 공무원 시험을 준비하는 사람들이 많아졌어요. 많은 이들의 진로가 몇 년 사이에 바뀌어버린 거죠. 중학교, 고등학교에서는 이왕이면 명문 대학을 가는 것이 인생에 도움이 된다고 말하는 사람들이 많아졌어요. 모두가 경쟁을 자연스럽게 받아들여야만 했어요.

사람들은 '각자도생(각자가 스스로 제 살길을 찾는다.)'의 자세로 살게 되었어요. 이는 공동체에 대한 관심이 줄어든다는 것을 뜻해요. '성공'이 개인에게 가장 중요한 가치가 되었고, 성공을 위해서라면 어떤 것도 마다하지 않겠다는 분위기가 팽배해졌죠. 대학교에선 취업률이 좋지 않다는 이유로 여러 학과들이 사라졌어요. 초등학생들도 "공부 열심히 안 하면 나중에 큰일 난다!"라는 무서운 말을 들으면서 여러 학원을 다니게 됐죠. 살아남기 위해 경쟁에서 반드시 이겨야 한다는 건, 남은 어떻게 되어도 상관없다는 것이었어요. '왕따'라는 사회문제도 이때부터 심각해졌지요.

여러분이 보내고 있는 지금의 일상은 외환위기 이후에 당연한 것이 되었어요. 그때 그 시절이 아니었다면, 여러분은 지금 학원이 아니라 어딘가에서 신나게 놀고 있었을지도 모를 일이죠.

03

한국 사회의
가장 큰
문제점 세 가지

평생을

비교당하고,
비교하는 사람들

저는 병원에서 죽음을 기다리고 있는 노인이에요. 가족들이 장례 절차를 의논하고 있어요. 장례식장 크기를 고민하고 있네요. 화장 후 고급스러운 납골당으로 모셔야 하는데 돈이 부족하다는 이야기도 하고요. 저는 곧 이 세상 사람이 아닐 텐데 참으로 쓸데없는 것에 집착하네요. 그런데 화도 못 내겠어요. 힘이 없어서가 아니라, 제가 평생을 쓸데없는 것에 집착하고 살았으니까요. 가족들이 저러는 건 '늘 다른 사람을 의식하며' 살아온 저를 잘 알기 때문이지요.

저는 태어났을 때부터 키가 작았어요. 어른들은 늘 걱정 가

득한 표정으로 제게 말씀하셨죠. "다른 아기들보다 작으면 안 되지." 첫돌이 되었을 때 아직 걷지 못하는 저를 보고 사람들은 이렇게 말했어요. "키가 작으니 걸음마도 느리구나." 모든 게 다 키 때문이라고 하셨죠. 친구랑 싸워서 울고 들어와도 키가 작아서 무시당하는 거라 했어요. 주변에서 계속 그렇게 말하니 언젠가부터 저도 신경이 쓰였어요. 키가 작은 게 콤플렉스가 되었죠.

부모님은 키 작은 아이가 공부도 못하면 큰일 난다면서 교육에 엄하셨어요. 그래서 전 다섯 살 때 한글을 깨치게 되었죠. 그러니 어른들은 '남들보다 빠르다.'면서 칭찬했어요. 생애 처음으로 누구보다 잘한다는 소릴 들어서 기분이 좋았어요. 그때 알게되었죠. 인정을 받으려면 다른 사람보다 잘나야 한다는 것을요. 저는 열심히 공부했어요. 책상 위에는 '남들과 같아선 결코 성공할 수 없다.'라는 메모를 붙여놓았지요.

그런데 언젠가부터 저는 남들하고의 비교를 통해서만 행복을 느끼게 되었어요. 남들보다 잘하면 기뻐했고 남들보다 못하면 슬퍼했죠. 모든 기준이 '남'이었어요. 받아쓰기를 할 때에도 내 점수를 보고 기뻐하는 게 아니라 옆의 짝꿍이 몇 점인지를 알고 싶어 했어요. 학원에서 영어 시험 정답을 확인할 때도 내가 틀린 문제를 살펴보는 게 아니라, 친구보다 더 틀렸는지 아닌지가 중요했지요. 내 점수가 더 높으면 으쓱해졌고 낮으면 울적해졌어요. 때론 점수를 가지고 누굴 놀렸고, 같은 이유로 놀림을 받았죠.

어른이 되어서도 제 성격은 변하지 않았어요. 대학교 이름 하나만 듣고도 열등감과 우월감을 동시에 느꼈어요. 서울대학교 학생을 만나면 주눅이 들었고, 제가 다닌 대학보다 유명하지 않은 대학의 학생들을 만나면 그 반대가 되었죠. 취업을 한 다음에는 승진할 때마다 그에 걸맞게 살아야 한다고 생각했어요. 안 그러면 무시당한다고 생각했거든요. 차도 좋아야 하고, 아파트도 누가 이름만 들어도 "우아! 그 아파트 좋다던데!", 이런 반응이 나와야 하는 줄 알았죠. 이걸 전 자존심이라고 여겼어요. 지금 생각해 보면 참으로 쓸데없는 자존심이었죠.

끊임없이 남과 비교하는 버릇은 아이를 기르면서도 달라지지 않았어요. 제 육아의 목표는 '누구에게도 꿀리지 않도록 내 아이를 최고로 만드는 것'이었죠. 매번 저는 아이에게 물었어요. 네 친구는 몇 등이고 어느 대학에 갔고 어디에 취업했는지를요. 아이가 무엇에 관심이 있는지는 알려고 하지 않았지요. 무조건 서울대학교에 가야 한다고 생각했어요. 그게 '체면'인 줄 알았거든요. 체면이 밥 먹여주는 것도 아닌데, 아이의 성공이 곧 제 성공이라 여겼죠. 그런 부모이던지라, 제가 죽어가는 순간에도 아이들은 장례식과 납골당 문제로 걱정을 하고 있네요. 다시 태어난다면 다르게 살 수 있을까요? 이 모든 건 제 잘못일까요? 아니면 '한국 에서 태어난 게' 잘못인 것일까요?

이 이야기는 우리 곁에 있을 누군가를 상상하며 쓴 글이에요. 한국인은 평생을 남과 비교하며 살아가요. 외모, 성적, 대학, 회사, 연봉 등등 끝도 없지요. 본인도 모자라 자녀의 인생까지도 비교하 며 웃고 울지요. 이는 경쟁에 너무나 익숙하기 때문이에요.

경쟁은 어느 나라에나 존재하지만, 한국은 유독 그 시기가 빨라 요. 어린이 때는 물론이고 심지어 엄마 배 속에 있을 때부터 경쟁 을 시작한다는 말이 있을 정도죠. 1980년대에는 "좋은 대학에 꼭 가야 한다!"라고 했는데, 2000년대에 들어와서는 "좋은 고등학교 에 가야 한다!"라는 말이 등장했어요. 그리고 2010년대에는 "중학 교도 아무 곳이나 가면 안 된다!"라고 하더니, 2020년대에 이르러 서는 "유치원부터 신중하게 선택해야 한다!"라는 말이 여기저기서 들려요. 이러하니 초등학교에 들어가기 전에 한글은 물론이고 영 어도 접하게 되는 것이죠. 심지어 남들보다 뒤처지지 않으려면 초 등학교 졸업하기 전에 중학교 수학 정도는 떼야 한다는 놀라운 조 언을 하는 어른들을 만나는 것도 어렵지 않아요.

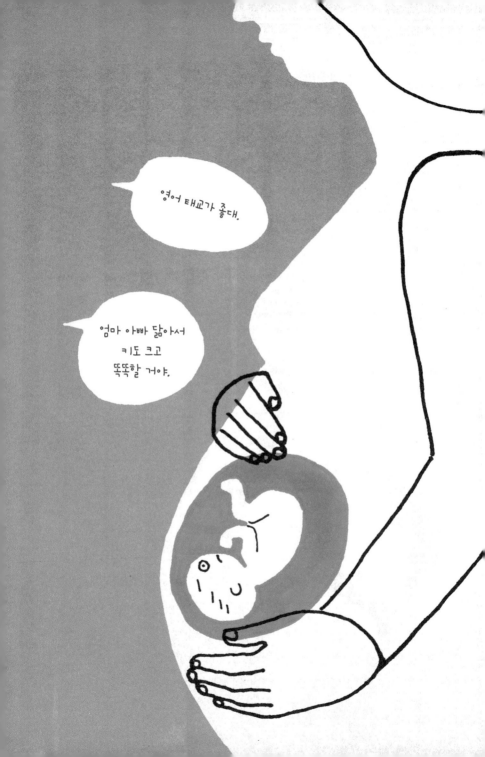

불평등은

어쩔 수 없는 것이
아니다

　　아주 어릴 때부터 경쟁을 하는 것으로도 모자라 한국인들은 거의 모든 것을 경쟁해요. 초등학생들은 줄넘기마저 누구는 몇 급인데 자신은 몇 급이라면서 비교하죠. 독서도 그냥 책을 읽는 것이 아니라, 학원이나 스터디 모임을 통해서 남보다 독후감을 뛰어나게 작성하는 법을 배워요. 경쟁이 많아진다는 건 일상생활에서 신경 쓸 게 많아진다는 것을 뜻하죠. 그러면 경쟁하지 않는 것에 대한 관심이 줄어들어요. "그거 시험에 나와?"라고 물으면서, 평가받지 않는 건 중요하지 않게 취급하는 거지요.

　　대학생들은 '취업에 도움이 되지 않기에' 인문학이라든가 사회학을 외면해요. 이때 꼭 그래야만 하는지를 물으면 대부분이 "별

수 없으니까."라고 답해요. 이는 대한민국 사회는 불평등하고, 이 불평등의 문제를 개인이 어찌할 수 없다는 뜻이지요.

　이토록 경쟁이 심한 이유가 불평등 때문이란 건 사실이에요. 그러나 불평등을 내버려둔다면 경쟁은 더 심해지겠죠. 여러분은 '불평등한 세상'이라고 하면 어떤 것이 떠오르나요? 아마 돈을 많이 버는 부자의 모습과 매일 힘들게 일하지만 가난한 사람의 모습이 동시에 생각나겠지요. 전 세계 어딜 가더라도 비슷할 거예요. 그런데 직업으로 표현하라고 하면 그렇지 않을 거예요. 한국인이라면 자연스레 한쪽은 의사, 변호사가 있고, 반대쪽에는 일용직 노동자가 대비를 이루어 떠오르겠지요. 그런데 과연 이런 생각이 다른 나라에서도 일반적일까요?

　의사가 다른 직업보다 소득이 높은 건 대체로 어느 나라에서나 비슷한 현상이겠지만, 일용직 노동자와의 소득 격차가 얼마나 큰지는 사회마다 달라요. 불평등이 존재하더라도 불평등의 정도는 같지 않아요. 그 격차가 큰 경우를 '양극화'라고 해요. 최저임금이 낮지 않다면 노동자는 최저임금만 받고도 가난하지 않겠죠? 또 살아가는 데 필요한 비용이 크지 않다면 소득이 낮아도 삶의 존엄성을 유지할 수 있을 거예요.

　예를 들어 2024년 기준, 최저임금으로 월급을 받으면 206만 원 정도예요. 여기서 월세가 빠져나가고, 생활비 등으로 또 얼마의 돈이 빠져나가겠죠. 그러다 몸이 아프면 병원비가 지출되고, 아프지 않아도 만약을 대비해서 가입한 보험을 유지하려면 돈을 내야겠죠. 하지만 모든 나라가 이런 식으로 지출을 하는 건 아니에요. 주거의 공공성을 갖춘 나라에서는 가난한 사람도 국가가 저렴하게 제공하는 공공주택에서 거주하며 주거비 지출을 최소화할 수 있겠죠?

대학을 순위 매기지 않고 시험 성적으로 사람을 줄 세우지 않는 사회라면 교육비 지출이 크지 않을 거예요. 또 돈이 없어도 치료를 받을 수 있는 의료시스템을 갖추었다면 월급 전부를 병원비로 내는 일은 없을 테지요. 이처럼 불평등을 완전히 없애는 것은 쉽지 않을지 몰라도, 그 격차를 줄이는 건 사람의 힘으로 할 수 있어요.

불평등의 격차가 크게 벌어진 사회와 그렇지 않은 사회는 많은 차이가 있어요. 어떤 곳에서는 하는 일에 따라 생계가 어려워질 수 있지만, 다른 어떤 곳에서는 무슨 일을 하더라도 먹고사는 데 지장이 없다고 생각해 보세요. 어느 쪽이 여러분의 마음을 편안하게 하는지 물어볼 필요도 없겠죠? 불평등의 격차가 크지 않다는 건 어떤 직업을 선택할지라도 삶의 행복이 보장되고, 설사 직업이 없어도 다양한 복지정책이 개인을 지켜줄 수 있음을 뜻해요.

그러면 '대기업 정규직에 반드시 합격해야 해!', '공무원 아니면 큰일 나!'와 같은 절박함 때문에 직업을 억지로 선택하지 않겠죠? 노래를 좋아하면 가수에 도전하겠죠. 동물을 좋아하면 사육사를 꿈꿀 수 있을 테고요. 무슨 장래 희망인들, "그 일을 해서 어떻게 먹고살래?"라는 말을 듣지는 않을 것입니다.

"불평등이 없는 사회가 있기나 해?"라고 묻는다면 정답은 '없다.' 예요. 그렇다고 불평등을 내버려두어야 하는 것일까요? 불평등이 존재하더라도 충분히 감당할 수 있는 수준일 때, 사람들이 자신이 하고 싶은 것을 포기하는 경우도 줄어들지 않을까요? 문제는 불평등이 아니라, 불평등의 격차라는 걸 잊지 마세요.

차별과
혐오가

사라지려면?

위인전을 읽어보면 위인들이 힘든 시절을 이겨냈다는 이야기가 많죠. TV에서는 어릴 때 가난했지만 이를 악물고 노력해서 성공했다는 사람들이 종종 등장해요. 이를 접한 사람들은 감동을 받으면서 '나도 열심히 살아야겠다!'라고 마음을 다잡게 되죠. 열정적으로 살아가겠다는 건 아주 좋은 자세예요. 하지만 고난을 이겨낸 사례에만 집중하면, 누구나 노력만 하면 불평등에서 벗어날 수 있다고 착각하게 돼요.

노력은 좋은 말이지만, 이를 가지고 사회현상을 바라보면 불평등이라는 분명한 문제를 놓치기 쉬워요. 예를 들어 노동자들이 처우 개선을 요구하며 파업을 할 때, "왜 노력은 안 하고 요구만 하

냐!"면서 혐오하는 사람이 많이 있어요. 자기가 노력하지 않았으니 차별받아도 상관없다고도 하죠. 어떤 정치인은 학교 급식실에서 일하는 비정규직 노동자를 정규직으로 전환시키자는 정책에 대해 "밥하는 동네 아줌마가 왜 정규직이 되어야 하냐!" 라고 말한 적도 있어요.

차별받아도 되는 노동자가 있을까요? 그런 일은 없어야 한다는 건 여러분도 잘 알 거예요. 하지만 '남을 이겨서 성공하자!' 라는 생각이 많은 사회에서는

남을 무시하는 경향이 강하겠지요. 성공하지 않은 사람은 경쟁에서 졌다고 여기니까요. "공부 안 하면 나중에 큰일 난다!", 이런 조언을 들어 본 적 있죠? 이때 '큰일 난 사례'로 주로 힘들게 일하는 노동자들이 언급되지요. 지금 노력하지 않으면 나중에 배달이나 한다, 비정규직으로 고생한다 등으로요. 이런 말에는 육체노동자나 비정규직 노동자를 개인이 노력을 하지 않은 결과로 바라보는 인식이 깔려 있어요. 그러니 '차별받아도 그건 자기 잘못이야.'라는 생각으로 이어지게 되는 거지요.

사람들이 능력에 따라 하는 일이 다르고, 그 일의 중요도에 따라 소득이 다른 걸 능력주의라고 해요. 능력이 있는 사람이 전문적인 일을 하고 충분한 보상을 받는 건 합당한 제도예요. 과거에는 양반이냐, 귀족이냐, 무슨 성씨 집안이냐 등등에 따라 사람을 평가했죠? 아무리 능력이 있어도 일할 기회조차 얻지 못한 사람이 많았어요. 하지만 경제성장과 민주주의의 발전으로 누구나 자유롭게 공부하고 일을 할 수 있는 사회가 되었어요. 능력에 따라 공정한 보상을 받으니 성공할 기회가 보다 많은 사람에게 주어졌지요. 하지만 이것이 누구에게나 성공을 보장하는 건 아니에요. 쉽게 설명하면, 누구나 부모님의 지원 속에 하고 싶은 것을 마음껏 한다면 성공할 가능성이 높겠지만, 누구나 경제력을 지닌 부모님 밑에서 태어난 건 아니라는 거예요.

인종차별이 사라지지 않는 이유도 능력주의의 개념으로 현상을 이해하기 때문이에요. 미국에서는 여전히 흑인들이 차별받아요. 그런데 일부 백인들은 이렇게 말하죠. "흑인을 차별하는 게 아니라, 흑인들이 노력을 하지 않는 걸 문제 삼을 뿐이다." 실제로 미국의 전문 직종 종사자는 백인이 훨씬 많죠. 또 인종별 범죄율은 흑인이 더 높아요. 이런 통계를 바탕으로 흑인을 혐오하는 것이 정당하다고 여기는 사람들도 있어요.

하지만 이런 접근은 흑인이 오랫동안 어떤 차별에 시달렸는지를 간과하고 있어요. 흑인은 노예제도가 폐지되었어도 백인처럼 살지 못했어요. 버스를 타도 뒷좌석에만 앉을 수 있었고, 백인 전용 식당이나 극장 등도 이용하지 못했죠. 화장실도 따로 사용해야만 했어요. 심지어 교육정책에도 차별이 심해서 백인들은 집 앞의 학교를 가는데, 흑인들은 등교에만 몇 시간을 사용해야 했죠. 대부분의 학교가 백인 전용이고, 흑인 전용 학교는 지역에 드문드문 있었기 때문이에요.

그러니 흑인이 어떻게 공부를 잘할 수 있겠어요? 어쩔 수 없이 저임금 노동자로 살아가거나, 혹은 범죄의 유혹에 흔들리는 경우가 많았던 거지요. 사회가 차별해서 능력이 부족해진 것인데, 이때의 능력을 그저 '개인 노력의 결과다, 그러니 능력에 따라 차별받는 것이 공정하다.'라고 여기면 될까요?

이 역사가 매우 길었기에 지금도 흑인은 다른 인종으로부터 더 많은 의심을 받으며 살아가요. 흑인이라는 이유만으로 더 검문을 받고, 범죄 용의자로 의심을 받기도 하지요. 하버드대학교의 흑인 교수가 자기 집에서 열쇠를 찾는다고 두리번거렸다가 이웃의 신고를 받고 온 경찰에게 체포를 당하는 일도 있었어요. 이게 2009년의 일이에요. 1809년이 아니라요.

> 모든 사람은 인종, 피부색, 성, 언어, 종교 등 어떤 이유로도 차별받지 않으며, 이 선언(세계인권선언)에 나와 있는 모든 권리와 자유를 누릴 자격이 있다.
> – UN 「세계인권선언」 제2조 중에서

인권은 보편적 권리예요. 보편적이라 함은 그 사람이 어떤 사람이냐에 상관없이 인간이기에 존엄한 권리를 누리는 것이지요. 그런데 능력주의 사회에서는 자꾸만 사람을 구분하려고 해요. 흑인보다 백인의 능력이 더 좋다고 여기는 한국의 어느 영어유치원에서는 교사를 뽑으면서 '백인만 지원 가능'이라고 채용 공고를 낸 적도 있어요. 가르칠 수 있는 자격을 똑같이 보유해도 누군가는 흑인이라는 이유만으로 기회 자체를 박탈당하는 것이죠. 비슷한 논리로 한국의 기업들은 서울에서 대학을 나온 사람을 지방대 출신보다 더 우대해요. 그러니 부모들은 어떻게든 자녀를 서울에 있는 명문 대학에 보내려고 경쟁을 시키고, 여러분은 불평등을 개인이 극복해야 하는 문제로만 이해하게 되죠.

04

남자다움,
여자다움이 없는
세상을 꿈꾸며

남자 보고
남자답다는 게

왜 문제일까?

인류 공동체의 특징은 이전 세대가 다음 세대에게 살아가는 방식을 알려준다는 것이죠. 자신이 경험한 것을 후손들이 잘 받아들여 같은 실수를 반복하지 않길 바라는 마음에서 그러는 거겠죠? 선조들은 '농사를 지어보니 이 방법이 좋더라!'면서 비법을 전수했죠. 또 학교를 가는 것이 의무화되자 사람들은 학교생활을 잘하는 방법을 알려주고 싶어 했어요. "내가 살아보니 학생일 때는 이렇게 행동해야 한다, 저렇게 행동하면 안 된다!"라고 말이죠. 이때 등장한 것이 '학생다움'이에요. "학생답게 공부를 해야지!", 다들 익숙한 말이죠?

'~다움'이란 건 행동의 기준이자 지침 같은 것인데, 사회마다 내용이 달라요. '청소년다워라', '자녀답게 행동해라' 등등의 말도 마찬가지예요. 어느 나라에나 있는 말이지만 한국에서 학생다운 것이 다른 나라에선 "그게 왜 학생다움이야?"라면서 의문을 자아낼 수 있어요.

가장 많이 등장하는 '~다움'은 성별에 따라서 적용하는 거예요. 남자다움(남자답게), 여자다움(여자답게)이라는 표현은 정말 자주 접할 수 있어요. 방송에서는 여성이 맛난 요리를 만들고 있으면 '천생 여자'라는 자막이 등장해요. 남자가 무거운 물건을 한 번에 번쩍 들어 옮기면 '이 정도는 남자의 자존심' 따위의 말들이 오가지요. 남자아이가 울면 '남자가 뭐 그런 걸로 우냐?'라고 하고, 여자아이가 울면 '원래 여자들은 잘 울어.'라고도 해요.

『화성에서 온 남자 금성에서 온 여자』라는 유명한 책이 있어요. 제목처럼 남자와 여자는 완전히 다른 세계관을 가졌기에 이를 이해해야만 서로의 관계가 좋아진다는 내용이에요. 사회학은 여기에 의문을 던져요. 서로의 차이를 존중하는 건 매우 중요하지만, 그 이유가 남자는 다 비슷하고 여자도 다 비슷하기 때문이라는 건 동의할 수 없기 때문이지요.

남자는 울고 싶은 상황에서도 울지 않는 게 남자다운 것일까요? 반대로 여자는 태어날 때부터 잘 우는 성격을 타고나는 것일까요? 어떤 사람의 생각과 행동을 그 자체로 바라보지 않고, 그게

남자다운 생각인지 여자다운 행동인지를 평가하는 것에 대해, 사회학은 절대로 그러면 안 된다는 단호한 입장을 지니고 있어요.

여러분은 '남자답다!'라고 하면 어떤 이미지가 떠오르나요? 씩씩한 모습, 부끄러워하지 않는 자세, 힘든 일에도 불평불만을 하지 않는 태도 등을 떠올릴 것 같네요. 여기서 어떤 남자의 모습을 보고 그저 칭찬하는 것 정도라면 문제가 없겠죠. 하지만 사회학자들이 조사를 해보니, '남자답다!'라는 말이 많은 곳에는 반드시 '남자답지 못하다!'라는 말도 함께 등장했어요. 이를테면 씩씩하게 운동장에서 축구를 하지 않거나, 발표하기를 꺼려하고, 무거운 걸 옮기기를 싫어하는 남자에게 '남자가 왜 그런 것도 못해?'라는 비난이 쏟아졌다는 거죠. 그 원인은 사람들이 평소에 '남자답다!'라는 표현을 많이 썼기 때문이에요.

더 큰 문제는 '남자다움'이란 말에는 자연스레 그 반대인 '여자다움'이 포함되어 있다는 것이에요. '남자가 뭐 그런 걸 부끄러워해?', '남자답게 말해 봐!'라는 표현에는 '여자나 그런 걸 부끄러워하지.'라는 뜻이 숨겨져 있죠. 그러니까 남자다움을 강조하면 여성의 특징을 '남자와 다른', '남자보다 부족한' 등으로 받아들이게 되는 거예요. 단순히 남자와 여자가 다르다는 것이 아니라, 남자는 여자가 못하는 것을 할 수 있고, 여자보다 더 강한 존재라는 이미지로 떠올리게 되는 것이지요.

이런 구분은 차별로 이어져요. 우리가 떠올리는 '여자다움'에는 남자와 상반되는 특징이 많죠? '남자는 논리적이고 여자는 감성적이다', '남자는 전체를 바라보는 특징이 있고 여자는 세밀한 지점에 주목한다'라는 식으로 말하는 경우가 많아요. 이런 구분은 일을 하는 데 누가 더 적합한지로 이어져요. 왜냐하면 회사에서는 논리적인 능력과 문제를 전체적으로 바라보는 능력을 더 중요시하기 때문이에요. 그래서 남자와 여자가 동시에 입사를 해도 '성별에 따른 고정관념' 때문에, 부서 배치를 하거나 특정 업무를 위해 직원들을 차출할 때 남녀 차이를 두게 되지요.

이런 과정이 지속되면 여자 스스로도 '여자는 주도적으로 조직을 이끄는 것보단 옆에서 보완을 해주는 역할을 해야 한다'는 분위기에 익숙해져 자신을 고정관념에 맞추게 돼요. 남자도 마찬가지고요. 자신들의 경험이 '남자다움', '여자다움'의 기준이 되어 후배나 자녀에게 전달되는 거죠. 사회가 편견을 가지고 남자와 여자를 구분한 것에 적응해 버리면 '남자는 원래 그런 유전자를 지녔고, 여자는 태어날 때부터 그렇게 정해졌다'고 여기는 분위기가 조성되는 것이지요.

이제 사회학이 왜 남자다움, 여자다움을 비판하는지 아시겠죠? 남자와 여자가, 자신이 생물학적으로 남자와 여자라는 이유만으로 '남자니까 이런 성격을 지녀야 해!', '여자니까 그렇게 행동하는 건 조심해야 해!'라면서 남자다움과 여자다움에 길들여지면, 다른 사람을 볼 때에도 편견이 생기기 때문이에요.

여성 차별은

옛날이야기
아닌가요?

'남자답게', '여자답게'라는 말이 없는 곳에서 성
장한 아이는 어떤 모습일까요? 부모님도, 선생님도, 그리고 미디어
에서도 사람을 성별에 따라 평가하지 않는 곳에서 자란 사람들은
그 반대인 경우와 비교해서 많이 다르겠죠? 그래서 사회학에서는
'젠더(gender)'라는 표현을 써요. 젠더는 사회적 성, 문화적 성이라
는 뜻이에요. 즉, 사람은 남자나 여자로 태어나는 순간 성격이 결
정되는 것이 아니라, 자라면서 자신만의 인격체로 완성된다는 것
이지요. 사람을 남자다움이나 여자다움에 얼마나 부합하는지 평
가하는 것이 아니라 그 자체로 바라보기 위해서 '젠더'라는 표현
을 사용하는 것이에요.

최근에는 '젠더 감수성'이라는 표현이 등장했어요. 직장에서는 이와 관련된 직원 교육도 많아졌지요. '여자에게 중요한 일을 맡길 수 없다.', '남자라면 야근하면서 불만 가지면 안 되지!'라는 말들이 한국에선 흔했어요. 이런 표현들에는 여성보다는 남성이 중요한 일을 하는 데 적합하다는 편견이 담겨 있지요. 젠더 감수성은 성차별적 발언과 행동을 하지 않는 태도를 말해요.

하지만 성차별을 하지 말자고 하면, "요즘 세상에 성차별이 어디 있어?", "남자도 차별받는 건 아세요?" 등의 항의를 하는 사람이 많아요. 성차별이 없다는 주장은 사실일까요? 옛날에는 여자라는 이유로 학교도 제대로 못 다녔지만 지금은 그런 경우가 없으니 현대사회에서 성차별은 사라진 것일까요? 마치 흑인은 이제 노예가 아니니까 차별받지 않는다는 말처럼 들리기도 하네요.

'유리천장'은 회사를 포함한 모든 조직에서 여성이 자신의 전문성을 발휘하는 것을 막는 장벽을 말해요. 노예제도가 없듯이, 법으로는 여성을 차별하지 않죠? 그러니 겉으로 보면 굉장히 공정한 사회처럼 보여요. 하지만 어느 순간 '여자라는 이유'로 더 높은 자리로 올라가는 것이 막혀버려요. 눈에 보이지는 않지만 벽이 있는 거죠. 그래서 '유리천장'이라고 하는 거예요. 세상은 평등한 것 같지만 실제는 아니라는 거죠. 예를 들어 남자는 논리적이고 여자는 감정적이라는 고정관념은 어떤 차별로 이어질까요? 회사에서는 감정적으로 일을 하는 사람에게 중요한 일을 맡기지 않아요. 그래서 '여성은 한계가 있다'고 여기고, 채용이나 승진에 있어서 기회를 주지 않는 거죠.

한국은 유리천장이 매우 견고해요. 영국의 경제 주간지 《이코노미스트》는 남녀의 교육 격차, 여성의 경제활동 참여 정도, 고위직 여성 비율, 국회의원 중 여성 비율 등등을 통해 '유리천장지수'를 발표하는데, 우리나라는 경제협력개발기구(OECD) 회원국 가운데 최하위 수준이에요. 2024년 《이코노미스트》에서 발표한 '유리천장지수'에서 한국은 조사 대상 29개국 중 29위를 차지했어요. 12년 연속 꼴찌에 오르는 불명예를 안았지요.

이런 차이는 성별에 따른 급여 차이로 이어져요. 2024년 우리나라 통계청에서 발표한 '한국의 SDG(지속가능발전목표) 이행 현황 2024' 보고서에 따르면, 여성의 임금은 남성의 약 70% 정도예요. 경제협력개발기구 평균과 비교하면 남녀의 임금 격차가 2배 이상 높았지요. 그런데 이런 차이에 대해서 차별이 아니라고 생각하는 사람이 있어요. 같은 일을 하는 사람이 성별에 따라 급여가 다르면 차별이지만, 남자가 급여가 높은 건 더 어려운 일을 하고 게다가 회사에서 오래(근속) 일을 하기 때문이라는 것이지요.

이건 사실이에요. 그렇다고 소득 차이가 차별과 무관하다고 생각해선 안 돼요. 우리가 던져야 할 질문은 '왜 여성은 소득이 높은

직업을 구하지 못하는가?', '왜 회사에서 높은 자리로 올라가지 못하는가?', '왜 한 회사에서 오랫동안 일을 하지 못하는가?' 같은 것이어야 해요.

'경력 단절 여성'이란 일할 능력은 있으나, 출산이나 육아 등의 이유로 직장을 그만둔 여성을 일컫는 말이에요. 이는 '육아'에 대한 책임을 여전히 여성만이 지니고 있음을 시사해요. '아이는 엄마 손에서 자라야 한다.', '엄마의 사랑이 없으면 아이가 잘못된다.' 등의 말이 많은 곳에선 여성이 일을 지속적으로 하지 못할 확률이 굉장히 높아요. 또 육아 때문에 회사에서 야근을 하거나 출장을 가는 것도 꺼리게 되죠. 그러면 회사는 여성이 남성에 비해 일에 집중하지 않는다는 편견을 가지고 주요 업무에서 여성을 배제해요.

여성의 삶은 과거에 비해 좋아졌을 뿐이지, 여전히 사회에서는 성차별이 존재해요. 2024년 발표에 따르면, 유리천장지수로 국가를 비교했을 때 차별이 가장 없는 나라는 아이슬란드, 스웨덴, 노르웨이예요. 그런데 이런 나라들도 여성의 소득이 남성보다 더 낮아요. 우리나라에 비해 차별이 적은 것이지, 차별 자체가 없는 것은 아니지요.

일상 속에
존재하는

성차별

성차별에 반대하는 것이 남자와 여자는 차이가 하나도 없다고 주장하는 것은 아니에요. 다만 차이가 있다고 하더라도 그것이 현대사회에서 직업을 정하는 데 영향을 끼치고, 아이를 돌보는 데 누가 더 적합한지를 나누는 기준이 되어서는 안 된다는 것이지요.

오래전 수렵채집사회에서나 농경사회에서는 공동체에서 힘이 강한 사람이 외부에서 사냥이든 농사든 일을 하고, 다른 이들은 음식을 담당하거나 아이들을 돌볼 수밖에 없었어요. 이를 보고 인류의 진화 과정에서 남자와 여자가 다른 특징을 지니게 되었다곤 할 수 있어요. 하지만 남자는 가정을 책임지는 게 맞고, 여자는 살림을 하는 게 적성이라는 식으로 해석해선 안 된다는 거죠. 그것도 21세기에 말이에요.

사회에는 남자와 여자에 대한 고정관념이 여전히 많아요. 유모차의 '모' 자는 '어머니 모(母)' 자예요. 아이를 돌보는 사람은 당연히 여성이라는 전제를 하고 있는 거죠. 유모차 광고에는 여지없이 여성 연예인이 엄마로 등장해요. 그래서 최근에는 유모차라는 표현을 '유아차'로 바꾸자는 주장도 있어요. 직업 앞에 '여' 자를 붙이는 것도 이제는 달라져야 할 관습이에요. 여교수, 여의사, 여군, 여경 등의 표현은 익숙해도 남교수, 남의사, 남군, 남경 등은 어색

여자? 남자?

하죠? 보통 남성에게는 '남' 자를 붙이지 않으니까요.

성차별에 항의한다는 것은 남자만 혜택받는다고 따지는 게 아니라, 왜 여성은 보편적 인간으로서의 권리를 보장받지 못하는지에 의문을 가지는 거예요. 즉, '여성이 왜 배제되어야 하는지'를 묻는 거죠. 과거 여성에게 선거권이 없던 시절에, 남자와 동일한 권리를 달라고 외쳤던 것처럼요. 오늘날에도 여성이 성폭력을 당하면 '밤늦게 돌아다녔다.', '입은 옷이 야하다.' 등의 추궁을 당하기도 해요. 피해자라면 누구라도 존엄하게 보호받아야 하는데 여성은 스스로 조심하지 않았다고 비난받죠.

성차별 논의에 반대하는 사람들 중에는 '남자도 차별받는다!'라고 말하는 경우가 있어요. 맞아요. 남자도 차별받아요. '남성다움'에는 남자는 운동을 잘해야 하고, 조직도 잘 이끌어야 한다는 등의 관념이 포함되어 있어요. 힘든 일을 참아야만 '사나이답다'는 소릴 들었죠.

이제 이 문제를 해결하기 위해 노력해야 해요. 이는 남성과 여성을 생물학적으로 분류하려는 버릇을 일상 속에서 줄여나가야지만 가능해요. 즉, 성차별에 대한 항의는 남성다움에 대한 비판이고, 이는 차별받는 남성에게 도움을 주는 일이겠죠?

그러니 '여성이 차별받는다'는 이야기에 '남성도 차별받는다'고 대응하는 건 좋은 해결책이 되지 못해요. 차별은 해결해 나가는 것이에요. 모두가 차별받는다는 식의 표현은 차별이 별거 아닌 것처럼 느껴지게 하니 조심해야 해요.

마지막으로 짚을 것이 있어요. 모든 사람이 남자와 여자로 구분되는 건 아니에요. 남자와 여자의 생물학적 특징을 동시에 지니고 태어나는 경우도 있는데 이를 '간성'이라고 해요. 자라나면서 한쪽의 성향이 강해지기도 하고, 부모나 본인의 의사에 따라 수술을 통해 한쪽 성별의 상태를 없애버리기도 하죠. 간성으로 태어나는 경우는 그리스신화에도 등장해요.

그래서 사회학에서는 '양성'이라는 말을 삼가요. 양성은 일반적으로 남성과 여성을 뜻하는데, 사람은 그렇게 정확히 구분된 적이 단 한 번도 없기 때문이에요. 다만, 그 외의 성을 '무시'했고 '인정하지 않았을' 뿐이죠. 하지만 간성 상태를 '제3의 성'으로 인정하는 나라도 있어요. 독일, 오스트레일리아, 캐나다, 뉴질랜드와 미국 일부의 주에서는 성별 표기를 할 때 남녀만으로 구분하지 않아요.

퀴어는 성소수자를 포괄하는 단어로 사용된다. 게이와 레즈비언은 동성애자를 말하고, 바이섹슈얼은 양성애자를 뜻한다. 트랜스젠더는 스스로가 타고난 자신의 성과 다른 성을 가졌다고 여기는 사람이다. 인터섹스(간성)는 남자와 여자의 생물학적 특징을 동시에 지니고 태어나는 경우다.

05

사회학자들이
걱정하는 미래

보고 싶은
영화를

볼 수가 없다

2020년 2월, 제92회 아카데미 시상식에서 작품
상, 감독상, 각본상, 국제장편영화상을 휩쓴 영화 「기생충」의 봉준
호 감독은 전 세계에서 주목을 받아요. 유명 배우들이 영화에 출
연하고 싶다면서 공개적으로 요청하죠. 그런데 봉준호 감독이 처
음부터 화제가 되었던 건 아니에요. 2000년에 개봉한 데뷔작 「플
란다스의 개」는 흥행에 실패했죠. 하지만 이 영화는 평론가들에
겐 좋은 평을 받았는데요, 신인 감독이 뚝심 있게 영화를 만들었
다는 긍정적인 반응이 많았죠. 여기서 '뚝심 있다'라는 건 감독이
누구 눈치를 보지 않고 자신이 원하는 대로 영화를 만들었다는
뜻이에요.

하지만 감독들이 언제나 뚝심 있게 영화를 만들 수 있을까요? 봉준호 감독은 운이 좋게도 그럴 수 있는 상황에서 데뷔를 했어요. 한국영화는 1990년대부터 수준이 높아지면서 관객들에게 많은 사랑을 받았어요. 이는 어떤 영화가 흥행에 성공하지 않았다고 해서 영화 제작사가 곧바로 타격을 받지 않음을 뜻해요. 다른 영화로 또 수익을 올릴 수 있으니까요. 그래서 신인 감독에게도 소신대로 영화를 제작하라고 할 수 있었죠. 봉준호 감독은 데뷔작이 흥행에 성공하지 않았지만 이후 「살인의 추억」(2003년), 「괴물」(2006년) 등의 뛰어난 작품들이 흥행에 성공하면서 지금의 스타 감독 위치에 오르게 되었죠.

지금은 이럴 수 있는 감독이 거의 없어요. 흥행에 실패하면 그걸로 끝이에요. 투자자들이 '저 감독의 영화는 사람들이 외면한다.'라고 생각하기 때문이에요. 당연히 소신대로 영화를 만들기가 어렵겠죠? 그래서 평론가들은 '제2의 봉준호'가 과연 지금의 영화 제작 구조에서 등장할 수 있을지를 문제 삼기도 해요.

영화관의 상영 시간표를 보면 무엇이 잘못되었는지 쉽게 알 수 있어요. 한 개의 극장 안에 열 개의 상영관이 있다면 영화 열 편 중에 하나를 골라서 보면 되겠죠? 하지만 그런 경우는 거의 없어요. 왜냐하면 인기 있는 영화 한 편이 열 개 상영관의 대여섯 개를 독차지하고 있거든요. 그래서 어떤 영화는 제작이 되어도 극장에서 상영할 기회 자체를 얻지 못하기도 해요. 어렵게 기회를 얻어도 개봉 기간이 고작 일주일에 불과하기도 해요. 혹은 아침이나 밤 시간대에 배정되기도 하고요. 어떤 영화는 언제 가더라도 한 시간 내에 볼 수 있는데, 어떤 영화는 하루에 한 번 겨우 상영이 되는 거죠.

극장은 많은 사람들이 찾는 영화를 가급적 많이 상영해서 돈을 벌려고 해요. 반면 찾는 사람이 거의 없는 영화라면 금방 상영을 종료해 버리죠. 그러니 영화 제작사는 영화를 만들면서 부담을 느끼겠지요? 개봉조차 되지 못하는 영화를 만들 순 없으니까요. 신인 감독에게 자기 철학을 담은 영화를 뚝심 있게 만들 기회를 주지 않고, 대중들이 가장 선호하는 장르만을 우선적으로 제작하게 돼요. 일단 관객이 재미있어하면 그만이고, 이왕이면 사람들이 편히 쉬면서 보는 영화가 만들어지길 원하죠.

전 세계에서 흥행에 성공한 마블 시리즈도 이런 환경에서 등장했어요. 마블 시리즈가 나쁜 영화라는 게 아니라, 이런 스타일의 화려한 영화가 아니면 영화 자체가 만들어지는 게 어려워졌다는 거죠. 마블 시리즈 영화가 개봉했을 때 대한민국 전체 상영관의 80~90%를 차지했다는 사실, 알고 계셨나요? 사람들은 자기가 선택해서 영화를 보는 것이라 생각하지만, 실제로는 선택할 수 있는 영화가 처음부터 별로 없지요.

영화계만이 아니라 출판계도 마찬가지예요. 서점에는 모든 책이 똑같이 있는 게 아니라, 잘 팔리는 책이 가장 많이 놓여 있어요. 인기가 있는 책은 입구에서부터 구석 곳곳까지 몇백 권이 전시되어 있죠. 일부 책이 서점의 공간을 많이 차지하게 되면, 어떤 책은 내용이 아무리 좋아도 서점에 놓일 수 없게 되겠죠? 그러면 출판사도 작가들도 힘이 들 거예요. 노력한 만큼 보상이 없으니, 일단 독자들에게 알려지기 쉬운 내용의 책들을 출간하게 될 거고요. 서점에서 인문학이나 사회문제를 분석하는 책들보다 어떻게 해서 명문 대학에 갔다, 부자가 되었다는 등의 비법을 알려주는 책이 더 많이 진열되어 있는 이유예요.

사회학자들은 모든 것이 '자본의 법칙'에 따라서 변화하는 것을 비판해요. 자본의 법칙만이 강조되면, 오직 어떤 것이 돈벌이가 되느냐가 판단의 기준이 되어버려요. 돈을 잘 버는 것이 중요하지 않다는 게 아니라, 돈을 많이 벌지 못한다는 이유로 인류에게 중요한 것들이 사라져선 안 된다는 것이지요. 그래서 사회학자들은 영화계나 출판계의 변화를 걱정해요. 사람들이 사회문제를 심각하게 다루거나, 공동체의 가치를 논하는 것을 무척이나 부담스러워하기 때문이에요. 자주 접하지 않으면 낯설 수밖에 없으니까요.

편리함에

길들여진
사람들

　　동물과 사람은 어떤 점이 다를까요? 동물은 본
성으로 생존에 필요한 것을 깨닫고 배워요. 외부 요소에 의해 새
로운 것을 학습하기도 하지만 매우 제한적이죠. 사자는 2천 년 전
이나 지금이나 비슷한 생활을 해요. 무리를 짓고, 서열을 정하고,
때가 되면 사냥을 하고, 대부분의 시간 동안 잠을 자죠. 예전이나
지금이나 말이에요.

　　그렇다면 사람도 비슷할까요? 의식주를 해결하기 위해 살아가
는 거야 선사시대나 지금이나 같겠지만, 사람들은 끊임없이 "왜 그
렇지?"라는 궁금증으로 원리를 확인하려고 했죠. 그래서 과학기
술이 발전했고 인류의 삶은 획기적으로 변했어요. 사람이 가진 또

하나의 특징은 "왜 그래야만 하지?"라는 의문으로 고정관념을 깨려고 했다는 거예요. 사람들은 '원래 그런 거야'라고 생각하지 않았어요. 그 결과 무슨 일이 일어났을까요? 바로 '민주주의'가 조금씩 완성되어 갔어요. "나는 너와 동일한 사람인데 왜 차별받아?"라는 질문을 계속했지요. 그렇게 인류 공동체는 조금씩 평등해졌어요. 같은 사람인데 왜 누구는 노예여야 하는지, 왜 여자는 투표를 할 수 없는지, 왜 성인이 아니라는 이유로 매를 맞아야 하는지, 왜 장애인이라는 이유로 일을 할 수 없는지 등등의 질문을 통해서 민주주의가 발전해 나갔죠. 그래서 인간은 2천 년 전과는 완전히 다른 세상에서 살고 있어요.

사람에게는 '이성이 있다'라고 하죠? 그저 자신에게 익숙하다고 이를 본성처럼 착각한다면 과연 이성이 있다고 할 수 있을까요? 사람이 평생 동안 학습을 하는 건 바로 이런 이유 때문이죠. 학교에서는 물론이고 성인이 되어서도 마찬가지예요. 죽을 때까지 자신의 생각이 과연 옳은지, 아닌지를 고민하는 것이 바로 인간과 동물이 구별되는 가장 큰 차이점이에요.

하지만 현대사회의 가장 큰 문제점은 사람들이 더 이상 고민하지 않으려 한다는 거예요. 일단 모두가 너무 바빠요. 학생들은 공부하느라, 어른들은 일을 하느라 정신이 없어요. 물론 공부나 일을 할 때에도 고민이 따르겠지만, 한국 사회에서 이러한 고민은 목표

달성을 위해 정해진 답만을 찾는 형태라고 할 수 있어요. 예를 들어 시험을 잘 치르기 위해 시험과 관련 없는 고민은 하지 않아요. 오직 돈만 벌면 그만이기에 돈이 되지 않는 고민은 하지 않죠. 이처럼 자신의 목표만이 중요하고 이를 이루기 위한 수단에만 관심을 가지면 다양한 분야에 대한 사색이 불가능해져요.

미디어의 변화도 많은 사람들을 더 이상 생각하지 않게 만들고 있어요. 사람들은 더 이상 뉴스를 챙겨 보지 않고 스마트폰이나 유튜브로 궁금한 것을 찾아가며 살고 있어요.

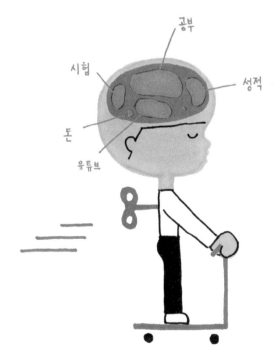

인터넷은 사용자가 평소에 자주 접속했던 기록을 분석하여 개인의 성향을 파악해요. 그래서 사용자가 좋아하는 콘텐츠를 끊임없이 제공해요. 어떤 영상을 하나 찾아보면 그것과 비슷한 영상이 끊임없이 나오는 이유죠. 그러니까 기계가 똑똑해진 것은 분명해요. 하지만 이와 반대로 사람들은 인터넷이 제공하는 정보를 그대로 수용하고 있어요.

인터넷에는 다양한 정보가 있지만, 일상에선 상상할 수 없는 자극적인 정보들도 너무 많죠. 인류의 삶에 무슨 도움이 될까 싶은 정보가 범람하는 이유는 조회수만 높으면 돈을 벌 수 있기 때문이에요. '먹방(먹는 방송)'처럼 자기 혼자 배 터지게 음식을 먹고 즐기는 것이야 뭐 괜찮아요. 하지만 어떤 방송은 타인을 괴롭혀요. 식당이 자기 마음에 들지 않는다고 허위 정보를 올려 사람들이 그곳을 이용하지 않게 해요. 범죄자가 감옥에서 출소하자 자기가 보복해 주겠다며 집을 찾아가서 동네 주민들의 피해는 아랑곳하지 않고 소란을 피워요. 왜 그러는 것일까요? 그런 행동으로 돈을 벌 수 있다는 건, 그것을 별것 아니라고 여기는 시청자들(구독자들)이 있기 때문이에요.

인터넷 세상에서는 다양한 사람이 존재하는 것 같지만, 실제로는 '비슷한 생각을 하는 사람들'끼리만 모이는 경우가 많아요. 그래서 잘못된 사실도, 옳지 않은 행동도 자기들끼리 문제없다고 생각하기도 해요. 누가 문제 제기를 하면 '왜 여기까지 와서 가르치려고 하냐! 싫으면 나가라!'라고 하죠. 자신이 자주 이용하는 인터넷 세계에 머무르는 시간이 많아지고, 그곳의 이야기에 길들여지면 자신의 편견조차 매우 합리적인 것처럼 착각해요. 이런 사회를 사회학자들은 강하게 비판해요. 사람들은 기계의 발전 덕택에 계속 편해지고 있는데, 이상하게도 기계'만' 발전하는 것 같기 때문이에요.

나만
잘되면

그만일까?

2017년, 서울의 어느 동네에서 장애인이 공부하는 특수학교가 동네에 만들어지는 걸 주민들이 반대해 논란이 된 적이 있어요. 비장애인들은 학교를 가기 위해 누구의 허락을 받은 적이 없어요. 또 비장애인들은 집에서 10여 분 걸어가거나 버스 몇 정거장이면 초중고 학교생활을 할 수 있죠. 하지만 장애인들은 학교 가는 데만 몇 시간이 걸리는 경우가 많아요. 그러니 곳곳에 특수학교를 더 짓는 건 국가가 당연히 해야 할 일이지요. 그럼에도 이를 반대하는 건 바로 '집값' 때문이에요. 장애인 재활시설이나 임대주택이 들어서면 안 된다고 시위를 하는 경우도 마찬가지 이유죠.

반대하는 사람들은 '별수 없다'라고 해요. 집값을 우려하는 건 결코 잘못이 아니라고도 하죠. 본인의 재산이 늘어나고 다른 사람이 피해를 입지 않는다면 뭐, 그럴 수도 있겠지요. 하지만 그렇다고 누군가의 배울 권리를 박탈하고, 주거 형태를 비난하는 것을 어떻게 별수 없다고 할 수 있을까요?

100원 하는 아파트가 있다고 생각해 보세요. 이 아파트가 10년이 지나 110원이 되고, 30년이 지나 130원이 된다면 큰 문제가 아니에요. 일반적으로 물가가 오르면 사람들의 소득도 오르기 때문이지요. 과거나 지금이나 청년들이 알뜰히 10년 정도 저축해 내 집을 마련할 수 있다면 상식적인 것이겠죠.

하지만 지금은 100원 하던 아파트가 1년 만에 200원이 되어 있어요. 2년이 지나니 300원이 되어 있지요. 이것은 집을 가진 사람에겐 좋은 일이겠지만 집이 없는 사람에겐 끔찍한 일이에요. 특히 집을 마련하는 데 오랜 시간이 걸릴 수밖에 없는 20대나 30대들은 10년은커녕, 20~30년 돈을 모아도 집을 장만하는 것이 어려워지고 있어요. 이건 굉장히 심각한 사회문제예요. 미래가 불안정하면 현재의 노력이 무의미하게 느껴지기 때문이죠. 열심히 살아도 나중에 내 집 장만하는 것조차 불가능하다면 열심히 살 이유가 없어지니까요.

청년실업도 심각하고, 취업을 해도 내 집 마련하는 데 엄청난

시간과 비용이 드는 사회에선 취업에 의욕을 잃은 사람들이 점점 많아져요. 어른이 되어서도 부모로부터 독립하지 못하면 부모는 늙어서도 가족 부양 때문에 계속 일을 해야 하죠. 또 청년들이 돈을 벌지 않는다는 건 소비를 할 돈도 없다는 뜻이니까, 나라 전체의 경제지표가 나빠질 수밖에 없어요. 이처럼 사회문제는 그 사회 안에 존재하는 모든 사람에게 영향을 끼쳐요.

사회학자들은 욕구와 욕망을 구분하지 못하는 현대인들을 비판해요. 욕구는 인간이라면 가지게 되는 매우 자연적인 현상이지만, 욕망은 사회 속에서 만들어진 희망 사항이에요. 내 집을 장만하고 싶은 건 욕구예요. 하지만 내 집 가격이 하루아침에 두 배, 세 배로 오르길 바라는 건 욕망이에요. 이 두 가지를 구분하지 못하면, 자신의 집값을 지키기 위해 타인의 권리를 빼앗는 일을 그저 '욕구에 충실한 행동' 정도로 가볍게 생각하게 돼요.

사회학자들은 '나만 잘되면 그만'이라는 세상을 향해 말해요. 나라도 잘되면 좋겠지만, 실제는 모두가 '잘못되면 끝장'이라는 생각을 지닌 채 살얼음판 위에서 위태롭게 살아갈 뿐이라고요.

2부

사회학의
거장들

01

'소속감'으로
자살을 분석한
에밀 뒤르켐

"바보야,

문제는
'사회'에 있어!"

생소했던 분야를 세상에 소개한 이들을 'OO의
아버지'라고 불러요. 음악의 아버지는 바흐이고 현대조각의 아버
지는 로댕이에요. 학문에도 아버지격인 인물이 있겠죠? 자유시장
이 무엇인지를 논리적으로 설명한 애덤 스미스는 경제학의 아버지
로, 만유인력의 원리를 확립한 뉴턴은 물리학의 아버지로 불려요.

사회학의 아버지는 오귀스트 콩트(1798년~1857년)예요. 콩트가
살던 시대는 프랑스혁명과 산업혁명으로 무척이나 혼란스러웠어
요. 혁명은 기존 시스템을 바꾸는 것이니 사람들의 행동도 달라지
겠지요? 콩트는 사람들의 모습을 보면서 사회가 개인에게 끼치는
영향을 간과하지 않았어요. 신분제처럼 부당한 제도도 신의 뜻으

로 받아들이고 살던 사람들이 평등을 외치고, 농사짓던 사람들이 공장에서 일하면서 정해진 시간에 출퇴근을 하는 모습을 통해 '사회'라는 것이 얼마나 힘이 센지에 주목했어요. 생각만이 사람의 온전한 것이라 여겨 왔던 풍토가 깨지고, 사람의 행동이 변화하는 순간이었죠.

콩트가 사회학의 아버지라면, 사회학을 독립적인 학문으로 만든 사람은 에밀 뒤르켐(1858년~1917년)이에요. 콩트가 사회의 중요성을 알렸다면 뒤르켐은 사회를 어떻게 연구해야 하는지를 고민했죠. 에밀 뒤르켐이 닦아 놓은 기반 위에서 지금의 사회학이 완성된 것이에요.

먼저 뒤르켐은 콩트가 주장한 '실증주의'를 정교하게 다듬었어요. 실증주의는 '확실한 증거(실증)'를 바탕으로 현상을 분석하고 특정한 가치를 주장하는 것이에요. 즉, 관찰하고, 경험하고, 비교하면서 어떤 현상의 경향성을 찾아내는 것이죠.

당연히 모든 과학이 실증주의에 근거하겠죠? 지금은 대학교수가 무엇을 말할 때 "실험 결과에 따르면…", "관찰한 바에 따르면…"이라는 표현을 반드시 붙이죠. 하지만 뒤르켐이 살았던 시대에는 '사회를 증명한다'는 개념 자체가 없었어요. 왜냐하면 그때의 과학은 '자연과학(물리학, 생물학 등)'만을 의미했기 때문이에요. 즉, 실험실에서 관찰되지 않으면 과학이라 하지 않았어요. '사회'가 눈으로 확인하거나 손으로 만질 수 있는 게 아니니 사회를 분석한다는 건 있을 수 없는 일이었죠. 하지만 뒤르켐은 통계자료를 통해 보이지 않는 사회가 개인에게 어떠한 힘을 행사한다는 것을 증명해요.

예를 들어볼게요. 산에 가면 느낌이 어때요? 웅장한 산이 자신을 둘러싸고 있는 느낌을 받죠? 사회는 눈에 보이지 않지만 인간을 둘러싸고 있는 산처럼 우리 곁에 존재하죠. 뒤르켐은 이를 '사회적 사실'이란 말로 표현했어요. 예를 들어, 한국인들은 자신보다 어린 사람과 나이 많은 어른에게 말을 다르게 하는 데 익숙하죠. 교실에서 학생이 선생님께 반말을 하면 분위기가 바로 이상해지겠죠? 이 모든 순간이 사회적이에요. 중학교 1학년이 중학교 3학년에게 함부로 말하는 것을 들으면 3학년생의 기분이 언짢아지는 감정은 개인 고유의 기분이 아니라 한국이라는 울타리 안에서 느껴지는 사회적 감정이지요.

뒤르켐은 개인이 사회에 구속되어 있음을 주장했어요. 구속이라는 말은 부정적으로 들리기도 하지요. 스스로 할 수 있는 건 하나도 없다는 말 같으니까요. 개인이 사회에 구속된다는 건 사람이 수동적이라는 뜻이 아니에요. 예를 들어 '창의적'으로 생각하려면, 그것이 가능한 사회가 있어야 하겠죠. 어릴 때부터 가정과 사회에서 자유롭게 말할 수 있는 분위기에서 자란 사람은 수동적이지 않겠죠? 이처럼 인간은 언제나 '사회'라는 산에 둘러싸여 살아가

요. 그 산이 어떠한가에 따라 개인의 성격도 영향을 받는 거예요.

'사회적 사실'이란 개념은 지금의 사회현상을 분석하는 데 매우 유용해요. 한국의 청소년들은 다양한 것을 경험해 보지 못하고 성장하는 경우가 많아요. 그래서 장래 희망도 다양하지 못하죠. 이게 한국 청소년의 성격 탓일까요? 아니죠. 대한민국의 입시 교육 때문에 나타난 문제겠죠. 어떤 대학에 가는지가 너무 중요해지면 그것과 관련된 공부만을 하게 되니 당연히 다른 경험을 할 시간이 부족할 거예요. 대학 서열화, 입시 교육 등의 핵심을 내버려두고 청소년에게 "다양한 꿈을 지녀라!"라고 말하는 게 무슨 의미가 있을까요?

뒤르켐이 사회적 사실에 주목한 이유는 개인과 사회가 연결되어 있기 때문이에요. 여러분이 혼자 집에 있다고 해서 과연 사회로부터 자유로울 수 있을까요? 화장실을 떠올려 보세요. 배변을 하면 그게 배관을 거쳐 반드시 국가가 허락한 하수처리장으로 흘러가야 해요. 마음대로 용변을 뒷산에 버리면 법으로 처벌을 받지요. 양변기를 만드는 사람이 있어야 하고, 물이 집으로 안전하게 공급되어 다시 밖으로 나가기 위해 여러 사람들의 관리가 필요해요. 누군가의 일이 톱니바퀴처럼 '나'와 연결되는 것이지요.

현대사회에서 '혼자' 살아간다는 것은 불가능해요. 적어도 집에 전기가 들어와야 하고, 인터넷이 연결되어야 하며, 음식이 문 앞까지 배달되어야 하죠. 이처럼 우리는 수많은 사람들의 노동을 바탕으로 하루를 살아가는 거예요. 개인은 반드시 타인과 함께 살아갑니다. 무인도에서 살지 않는 한, 그 누구도 혼자서 살아갈 수 없어요.

그럼 우리는 필연적으로 타인과 인간관계를 맺어야 하겠죠? 뒤르켐은 이 관계가 산업화 이후 어떻게 달라졌는지에 주목했어요. 농사만을 짓던 시대를 생각해 보세요. 학교를 다니지도 않았겠죠. 어느 정도 자라면 마치 정해진 운명처럼 농사일을 해야 했을 거예요. 평생 자신이 사는 마을 밖으로 나갈 일도 없었을 거고요. 이러한 환경에서는 자신의 주변 사람과 가깝게 지내게 됩니다. 마을공동체가 모여야 하는 일에도 빠짐없이 참여해야 할 거예요. 원시부족사회에서 농사가 잘되게 해 달라고 함께 모여 제물을 바치고 기도를 올리는 모습을 떠올려 보면 이해가 되죠. 모두의 삶과 목표가 동일하니 누구도 예외가 될 수 없었을 거예요. 뒤르켐은 이런 모습을 '기계적 연대'라고 했어요. 사람과 사람이 기계처럼 관계를 맺고 있는 것이죠.

하지만 현대사회는 그렇지 않죠? 함께 모여 같은 목표를 위해 기도를 드린다는 건 불가능하죠. 하는 일이 사람마다 다르기 때문이에요. 예컨대 같은 건물의 601호에 사는 사람과 602호에 사는 사람이 무조건 친하게 지낼 필요는 없어요. 오히려 멀리 떨어진 사람일지라도 취미가 비슷하면 가까이 지낼 수 있죠. 이런 모습을 뒤르켐은 '유기적 연대'라고 했어요. 산업화 이후 직업이 다양해지고 사람들마다 하는 일이 달라지면서 자신의 필요에 따라 사람과 관계를 맺게 되었는데, 이는 이전의 기계적 연대와는 매우 다른 모습이었던 거지요. 100년도 전에 뒤르켐은 지금 시대에도 적용 가능한 통찰력을 보여주었어요.

자살하는
사람들을

분석하다

뉴스에서 '자살'에 관한 이야기를 들은 적 있죠? 최근에는 자살이란 표현 대신 '극단적 선택'이라고 하기도 해요. 한국의 자살률은 굉장히 높아요. 1990년대 말, 대한민국이 경제적으로 위태로워지면서 자살률이 급증했어요. 그제야 우리나라는 자살의 사회적 원인을 찾는 노력을 시작했어요. 하지만 2023년에도 대한민국의 자살률은 경제협력개발기구 회원국 중 1위예요.

자살, '스스로 자(自)'에 '죽일 살(殺)'이라는 한자 뜻 그대로 스스로를 죽이는 행동이에요. 고인이 왜 죽음을 선택했는지 정확히 알기 어려워요. 유서를 남기기도 하지만, 그렇지 않은 경우 고인에게 이유를 직접 물어볼 수도 없으니까요. 그러니 자살은 오랫동안 타인이 결코 이해할 수 없는 개인의 선택으로 이해되었어요. 그저 인간 세상의 별수 없는 일 정도로 여겨졌죠. 그런 관념이 한국 사회에는 여전히 존재하고 있어요. 그래서 자살을 선택하게 된 진짜 사정을 정교하게 파악하지 못하니, 계속 자살률 1위라는 나쁜 결과가 이어지고 있는 거예요.

한국 사회에 꼭 필요한 책이 있어요. 에밀 뒤르켐의 『자살론』이에요. 1897년에 출간된 이 책은 사회학 명저 중 명저로 꼽혀요. 자살을 이해하는 틀을 획기적으로 바꾸어 놓았기 때문이죠. 일반적으로 자살을 하려는 사람들은 정신적으로 굉장히 힘든 경우가 많아요. 현대사회에서는 이를 '우울증'이라고도 하죠. 하지만 『자살론』은 거기에 질문을 한 번 더 던질 수 있는 토대를 마련했어요. 어떤 경우에 사람이 정신적으로 힘들어지는지를 물으면서, 개인의 정신적 문제만 살필 게 아니라, 정신을 병들게 한 사회문제를 확인해야 함을 강조했죠.

뒤르켐은 각종 통계자료를 바탕으로, 자살은 개인의 행동이기 전에 '어떤 사회에 소속되었는지'가 중요함을 증명했어요. 개인은 어느 집단에 소속되었다는 생각이 커지면 평소와 다른 생각과 행동을 하기 때문이에요. 학교에서 운동회를 할 때 응원하는 모습을 떠올려 보세요. 반마다 응원에 참여하는 정도가 다르죠? 어떤 반은 춤도 추고 응원 구호도 크게 외치지만, 어떤 반은 별 관심이

없죠. 소속감이 크다면 적극적으로 응원하겠지만 그렇지 않다면 개인적으로 행동할 수 있어요. 그러니 "오늘 열심히 응원하자!"라고 선생님이 똑같이 말씀하신다고 해도 모든 반이 같은 모습을 보이지 않는 것이죠.

뒤르켐은 자살하는 사람을 어떻게 '소속감'으로 분석했을까요? 자살하고 싶은 마음이 생긴다 하더라도 모두가 자살을 실행에 옮기지는 않아요. 이 차이를 지금도 많은 사람들은 개인의 의지 차이라고 설명해요. 하지만 뒤르켐은 안타까운 선택을 한 사람들을 하나의 틀 속에 가두어서 해석하지 않았어요. 개인이기 전에 '특정한 집단의 한 사람'으로서 설명하려고 고민했고, 마침내 종교에 따라 자살률이 다르다는 것을 발견했어요. 개신교, 천주교, 유대교 순서로 자살률이 높았지요.

유대교는 유대인들의 종교예요. 『탈무드』라는 책이 바로 유대교의 가르침을 정리한 것이죠. 유대교는 이스라엘 민족의 유일신인 '야훼'를 믿었어요. 생소한 이름이죠? 하지만 여기에서 야훼란 개신교에서의 '하나님', 천주교에서의 '하느님'과 같은 신을 뜻해요. 즉, 세 종교는 동일한 신을 믿는 거지요. 이후 역사에서 '예수그리스도'를 신으로 보느냐 아니냐에 따라 종교가 갈라져요. 유대교는 예수를 신의 말씀을 전하는 예언자로 여기고, 천주교와 개신교는 신의 아들로 받아들여요. 신의 아들이니 마찬가지로 전지전능한 신이라는 거죠. 그런데 천주교와 개신교는 교리를 다투면서 갈라졌어요. 예를 들어 천주교에서는 사제를 통해서 신의 은총이 전달되거나 죄를 용서받을 수 있다고 하는데, 개신교는 신과 개인이 직접적으로 관계를 맺을 수 있다고 봐요. 이런 차이들 때문에 같은 '신'을 믿으면서도 종교가 달라졌죠.

세 종교의 신자들은 자신들의 종교에 대한 소속감이 달랐어요. 여기서 소속감이란 종교를 좋아하는 마음의 크기를 말하는 게 아니에요. A 종교를 믿는 100명과 B 종교를 믿는 100명이 있다고 가정해 봐요. A 그룹의 사람들은 생각하고 행동하는 게 비슷한데, B 그룹의 사람들은 의견이 다를 수 있죠. 또 한쪽은 모두가 규칙을 준수하지만, 다른 한쪽은 규칙에 대한 생각이 제각기 다를 수도 있어요. 이런 차이가 나는 이유는 집단마다 사람들의 소속감이 다르기 때문이에요.

신께서 유대인을 구원하실 거라고 믿는 유대교는 집단의 공동체 의식이 강해요. 쉽게 말해 유대인들에게 유대교는 일상적 문화 같은 것이죠. 태어나면서부터 정해진 운명으로 받아들여요. 하지만 천주교와 개신교는 상대적으로 개인이 종교를 선택하는 경우가 많아요. 일상에 지쳐서 교회나 성당을 갔다는 말이 유대교에는 해당되지 않죠.

천주교와 개신교도 차이가 있어요. 개신교는 신과 개인이 직접 소통할 수 있다고 믿기에, 기도를 할 때 집단의 규율보다 개인의 자율성을 더 중요하게 여겨요. 이에 비해 천주교의 미사는 개신교의 예배보다 절차가 더 많아요. 재미있는 것은 전 세계 천주교 성당 어디에 가도 언어만 다를 뿐 절차가 비슷하다는 거예요. 왜냐하면 같은 내용으로 기도하고, 같은 방식으로 신을 찬양해야지만 구원받는다고 믿기 때문이죠.

다시 개신교를 살펴보면, 개신교는 예배 절차가 교회마다 달라요. 어떤 교회는 목사님이 말씀을 많이 하시고 어떤 곳은 신자들이 노래를 더 많이 부르죠. 개인 의견을 표출하는 경우도 제각각이에요. 목사님이 정치에 대해 말하기도 하고 신자가 자신의 신앙 체험을 말하기도 해요. 특정한 교회에서 예배하는 모습을 보면 신자들끼리 굉장한 소속감을 느끼고 있는 것처럼 보이지만, 그 모습 만으로 개신교 신자 전체를 설명할 수는 없어요. 그래서 개신교가 천주교보다 훨씬 개인적이고 덜 집단적이라고 할 수 있는 거예요.

뒤르켐은 이 차이가 자살률의 차이로 이어진다고 보았어요. 집 단의 공동체의식이 강할수록 자살률이 낮아지고, 개인주의 성향 이 클수록 자살률이 높아진다는 것이지요. 이게 무슨 말일까요? 자살은 세 종교 모두에서 '결코 해서는 안 되는 행동'으로 여겨요. 생명은 신이 주신 것이라고 여기기 때문이죠. 이 규율을 받아들 이고, 해석하는 정도가 어떤 종교를 믿고 살아가느냐에 따라 달랐 던 것이지요. 자살을 하면 안 된다는 것을 알면서도 누군가는 자 신을 예외라고 여겼던 거예요.

유럽의 종교적 특성을 오늘날 한국에 그대로 적용할 수는 없어 요. 하지만 인간의 행동과 심리를 이해하기 위해서는 사회라는 배 경을 잘 살펴봐야 해요. 소속감이 약해지면 개인은 심각한 고립 감을 느껴요. 현대사회에서 나타나는 자살을 살펴보면 직장에서 해고되고 사업이 실패하는 등의 경우가 많죠. 이때 사람들은 사회 로부터 버림받았다고 생각하게 되지요. 자신이 사회에 아무 쓸모 없는 존재라고 느끼면 극단적인 선택을 할 가능성이 높아질 거예 요. 이 문제의 원인은 개인에게 있을까요, 사회에 있을까요? 뒤르 켐은 100년 전에 이미 해답을 제시했어요.

02

종교와
자본주의의 관계를
밝힌 막스 베버

사회학이

사람에게
관심이 없다고?

사회학은 행복에 대해서 어떻게 말할까요? 물론 '아무리 힘들어도 행복은 생각하기 나름이다!'라고 말하지 않고 '힘들지 않은 세상을 만들면 행복한 사람이 많아지지 않을까?'라고 하겠지요. 그만큼 사회의 힘을 중요하게 여기니까요. 사회학은 때론 개인을 '수인(囚人)', 즉 감옥에 갇혀 있는 사람처럼 바라보기도 하죠. '수(囚)'는 가둔다는 뜻이에요. 한자만 보더라도 네모난 상자 속에 사람(人)이 들어가 있는 갑갑한 모습이죠? 물론 사회학은 사회가 어떠하냐에 따라 개인이 충분히 자유로울 수 있다고 해요. 하지만 아무래도 사람보다 사회를 강조하는 느낌이 드는 것은 사실이에요. 그래서 개인의 삶을 무시한다는 비판을 받기도 해요.

하지만 사회학은 결코 사람을 외면하지 않아요. 사회학이 사회에 관심을 가지는 이유는 사회가 사람에게 영향을 끼치기 때문이에요. 그래서 사람의 생각과 행동, 언어와 습관을 유심히 관찰해요. 다만 이를 무작정 '인간의 본성'이라고 설명하지 않을 뿐이죠. 그러니까 사회학이 사람을 소홀히 여긴다는 건 오해예요. 지금도 사회학자들은 인간의 모습을 통해 우리가 어떤 사회에 살고 있는지를 말하고 있어요.

막스 베버(1864년~1920년)는 '인간의 행위'를 통해 사회를 분석해야 한다고 주장한 사회학자예요. 인터넷에 검색하면 베버는 '현대 사회 사상가 중에서 가장 큰 영향력을 행사한 독일의 사회, 역사, 정치학자'로 소개되죠. 다양한 분야의 전문가로 소개되는 건 베버가 인간에게 영향을 끼치는 모든 것들을 분석했기 때문이에요. 인간을 이해한다는 건, 인간의 역사를 살펴보는 것이고, 그러려면 사람들이 어떻게 정치를 하며 살아왔는지 궁금증을 가져야 해요.

베버는 사람들이 자신의 행동이나 생각에 어떤 의미를 부여하고 살아가는지를 중요하게 여겼어요. 물론 시대나 공간에 따라서 사람들의 의미 부여는 다르겠죠? 베버는 이를 분석하여 사회가 어떻게 변화했는지를 증명했어요. 정치를 예로 들어 보죠. 인류 공동체 안에서는 오래전부터 정치가 존재했어요. 여러 사람이 모이면 의견이 많아질 것이고 누군가는 결정을 내려야 해요. 일종의 지도자가 필요해지는 거죠. 정치는 그렇게 인간의 삶에서 중요한 요소가 되었는데, 이 정치 유형은 시대마다 달랐어요. 정치는 기본적으로 다스리는 자와 그 다스림을 받는 자로 구분돼요. 그래서 베버는 정치를 지배 유형별로 분석했어요.

첫 번째는 카리스마적 지배예요. '카리스마'의 원래 뜻은 신으로부터 특별히 부여받은 재능 따위를 말해요. 카리스마를 지녔다는 건 초인적이고 초자연적인 모습을 보여준다는 것이었죠. 지금은 많은 사람들을 휘어잡는 능력이나 자질을 의미하게 되었지요. 인류가 국가의 형태를 갖추기 전에는 대부분 카리스마적 지배가 공동체 안에 존재했어요. 원시시대 부족들의 모습을 떠올려 보세요. 마치 마술 같은 능력이라도 있을 것 같은 사람이 리더가 되었죠.

두 번째는 전통적 지배예요. 전통에 따라 지배자와 지배를 받는 자가 구분되는 것이죠. 가족구성원 중 어떤 결정을 내리는 일은 주로 아버지가 도맡아 왔어요. 그건 인류 역사에서 오랫동안 그렇게 해왔기 때문이에요. 어떤 단체에서 연장자를 대표로 뽑는 것도 마찬가지죠. 일반적으로 그렇게 해왔기 때문에 따르는 거예요. 전통적 지배의 대표적인 경우는 '임금'이 백성을 지배하는 모습이에요. 이 체제가 지속되었던 이유는 백성들이 자신을 지배하는 임금을 정말로 하늘처럼 여겼기 때문이에요.

세 번째는 합법적 지배예요. 지도자를 구성원들이 합의한 규칙에 따라 뽑는 형태를 말해요. 국민이 동의해야만 효력이 생기는 헌법에 따라 대통령 등의 정치인을 선출하는 모습을 생각하면 쉬워요. 학교에서 반장을 뽑을 때도 나름의 규칙이 있잖아요? 합법적 지배의 가장 큰 특징은 지도자가 법이 허락한 권한만을 사용할 수 있다는 데 있어요.

합법적 지배 유형에 속하는 정치지도자는 카리스마적 지배와 전통적 지배에 비해 결코 마음대로 행동할 수 없어요. "내가 너희를 다스리겠다!"라고 하면서 사람을 짓누르는 건 합법적 지배에서 존재할 수 없죠. 그리고 사람들이 "국민에게 위임받은 권리를 소중히 여겨라!"라고 하면서 정치지도자를 비판할 수 있어요. 이런 지배 유형은 시간의 흐름에 따라 카리스마적 지배에서 합법적 지배로 변화해 왔어요. 하지만 현대사회에 합법적 지배만이 존재하는 건 아니에요. 지도자를 세습하는 게 전통인 나라는 여전히 존재해요. 대한민국의 기업에서도 창업주의 자녀, 그 자녀의 자녀가 계속 막강한 경영권을 갖고 있기도 하지요. 이를 비판하면 전통이 그러하니 문제될 것이 없다고 말하는 사람도 많아요.

베버는 지배 유형의 변화 속에서 사고방식의 '합리화'를 발견했어요. 즉, 사람들은 과거처럼 주어진 것을 당연하다고 믿는 것이 아니라, 왜 자신이 그렇게 해야 하는지 납득이 되어야만 받아들인다는 것이지요. 예전에는 사람들이 마치 주술에 걸린 것처럼 자신의 삶의 방식을 운명으로 받아들였어요. 하지만 근대과학이 등장하고 자연현상의 원리를 알게 되면서 사람들은 점차 이성적인 사고를 확장시켰어요. 이를 베버는 '탈주술화 과정'이라고 했어요. 즉, 현대사회의 합리적 사고방식은 어떤 현상을 '원래 그런 것이다'라면서 체념하며 받아들이는 일로부터 벗어나는 것이었죠.

이러한 합리화는 삶의 모든 영역에 들어왔어요. 조직이 운영되는 방식도 변했어요. 사람들이 납득할 수 있는 시스템에 따라 업무가 진행되었죠. 기업의 조직도를 생각해 보세요. 홍보부, 마케팅부, 영업부 등이 있죠. 또 여러분이 살고 있는 도시의 행정조직을 검색해 보세요. 교통 담당, 위생 담당, 보건 담당 등 다양한 부서가 있을 거예요. 이처럼 여러 명의 전문가가 여러 부서로 나누어 일하는 형태는 문제를 보다 빠르고 정확하게 해결하려는 합리화의 결과물이에요. 과거에 비해 현대사회의 조직은 기능들이 훨씬 촘촘하게 분산되었어요. 베버는 이를 '관료제'라고 했어요.

관료제의 독특한 특성은 '비인격성'이에요. 인격이 없다니 이상하게 들리죠? 그런데 베버는 조직 사회가 합리적으로 운영될 수 있는 건 사람들이 오직 업무적으로만 관계를 맺고 있기 때문에 가능하다고 보았어요. 여러분의 학교도 관료제의 비인격성이 존재해요. 급식 시간에 누가 더 착하다고 맛있는 것을 더 주고, 상벌점 제도가 그날그날 선생님의 기분에 따라 다르게 적용된다면 아

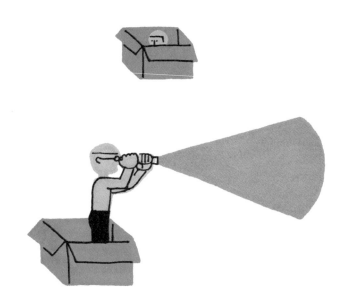

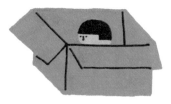

무도 학교라는 곳이 공정한 곳이라 여기지 않겠죠? 또 사회복지를 담당하는 공무원이 여러 서류를 검토하지 않고 자신의 직감으로 세금을 집행하면 어떻겠어요?

베버는 정확하게 측정할 수 없는 인간의 감정을 조직 사회에서 배제시킬 때 효율성이 더 커진다는 것을 정확하게 관찰했지만 이에 따른 부작용도 예측했어요. 일하는 사람들이 규정만 지키면 자신은 책임이 없다고 여기게 된다는 거예요. 베버는 이를 두고 사람들이 합리성이라는 철장에 갇혔다고 표현했어요. 그렇다면 오늘날 우리는 어떤가요? 많은 사람들이 배달이 빨리 되지 않으면 어떻게 행동하죠? 노동자가 얼마나 고생하는지는 안중에도 없고, 배달 앱에 낮은 별점을 주며 부정적인 리뷰를 적어요. 사람 얼굴을 직접 보지 않고 스마트폰 몇 번만 두들겨 자신의 의사를 전달하니 매우 편리하지요. 하지만 지나친 평가 시스템 때문에 배달하는 노동자에게는 안전사고가 유발되죠. 베버에 따르면 현대인들은 편리함이라는 철장 속에서 영혼 없이 살아가는 것에 불과하지 않을까요? 이처럼 베버는 끊임없이 사람을 관찰해서 사회를 설명하고자 했어요.

종교가

누군가를 더
일하게끔 하다?

자본주의사회를 간단하게 요약하면, '대다수의 사람들이 회사에 고용되어, 매일 정해진 시간에 출근해 약속된 시간만큼 일하고, 계약에 따라 일정한 날짜에 돈을 받고 살아간다'는 것이지요. 제품이나 서비스를 생산할 수 있는 설비를 갖춘 곳에서, 정해진 일을 시키는 대로 하고 그에 따른 보상을 받는 거지요.

당연한 얘기지만, 누군가에게 고용되어 일하는 것은 자신이 처음부터 끝까지 생산을 책임지는 농사와는 많이 달라요. 과거 농경사회에서는 대규모의 인원이 누군가의 지시에 따라 움직이는 건 있을 수 없는 일이었어요. 모두가 정해진 시간에 밥을 먹고 정해진 시간에 일을 하는 개념 자체가 없었으니까요. 찰리 채플린의 영화 「모던 타임즈」를 보면 공장에서 일하는 주인공이 작업 중에 자신의 머리 위에서 성가시게 구는 파리도 제대로 쫓아내지 못하는 장면이 나와요. 예전에는 노예들도 할 수 있던 행동인데 공장 노동자는 못하는 거예요. 자본주의사회는 사람이 '돈' 때문에 일상의 자유를 포기해야 하는 것이기도 해요. 지금도 화장실 가는 걸 참고, 밥조차 제때 못 먹으면서 일하는 노동자들이 많은 이유죠. 이처럼 어찌 보면 굉장히 고통스러운 경제체제를 인류가 받아들인 지는 불과 300~400년 정도에 불과해요.

자본주의는 전 세계에서 같은 속도로 발전하지 않았어요. 19세기 무렵, 아시아에서 자본주의사회의 기초적인 모습이 등장했어요. 물건을 만들 수 있는 기술이 개발되었고 농사짓는 사람들이 물건을 만들었죠. 이에 비해 유럽과 미국에서는 자본주의가 폭발적으로 성장했어요. 베버는 달라진 경제체제에 적응하는 사람들을 보면서 의문이 생겼고, 자신의 연구 방법대로 '인간이 자신의 행위에 어떻게 의미를 부여하는지'를 통해 그 차이를 발견하려고 했어요.

자본주의사회에서 누구나 어디론가 출근하고 일하고 퇴근하고 돈 버는 건 비슷해요. 하지만 사람들은 이 과정을 똑같은 의미로 해석하지 않았어요. 누군가는 '오늘도 열심히 일해서 보람차다!'라

고 생각하지만, 누군가는 '왜 우리는 일을 해야만 하지?'라고 의문을 가질 수도 있겠죠? 그렇게 보면 당연히 노동을 즐겁게 하는 사람들이 많은 곳에서 자본주의는 별 탈 없이 발전할 거고요. 그런데 베버는 이런 차이에 '종교'가 영향을 끼친다고 보았어요.

베버의 명저 『프로테스탄트 윤리와 자본주의 정신』은 종교와 경제에 어떤 상관관계가 있는지를 발견한 책이에요. 책 제목이 조금 어렵죠? 프로테스탄트는 '개신교'를 뜻해요. 원래 이 말의 뜻은 '저항하다'는 의미예요. 개신교가 가톨릭의 교리를 비판하면서 분파되었기 때문에 그렇게 부르게 되었지요. 베버는 이 책을 통해 특정한 종교의 윤리가 자본주의를 더 긍정적으로 받아들이는 정신으로 이어졌음을 증명했어요.

개신교는 종파에 따라 다양해요. 자본주의가 등장할 무렵, 유럽에서는 종교 개혁가 중 한 명이던 칼뱅의 교리가 많은 사람들에게 인기를 끌었어요. 칼뱅주의의 대표적인 특징은 '예정설'이에요. 예정설은 '신만이 인간을 구원한다.'라는 교리에 바탕을 두고 있는데, 사람들은 이를 '신으로부터 구원받을 사람은 예정되어 있다.'라고 받아들였어요. 사람 이마에 '예정된 자'라고 적혀 있는 것도 아니니 모두 답답했어요. 너도나도 '어떤 사람이 구원을 받을까?'라고 궁금증을 가졌지요.

자, 그런데 이 사람들이 살고 있는 세상은 자본주의사회였어요.

사람들은 생각했죠. 만약 신의 구원이 예정된 자라면 그는 참으로 착하고 성실한 사람일 것이며, 힘든 노동도 묵묵히 참아내고 돈을 흥청망청 쓰지도 않을 거라고요. 즉, 열심히 일을 해야지만 '신의 구원을 받을 예정자'로 인정받는다고 여겼던 거예요. 칼뱅교 사람들은 자신이 예정된 자라고 믿고 싶었겠죠? 그러니 열심히 일했어요. 그렇게 돈을 잘 벌어 신의 은총을 증명하고 싶었던 거죠. 노동으로 천국에 갈 사람인지 아닌지 의미를 부여하니, 모두가 악착같이 일을 했던 거예요. 그러니 자본주의사회가 잘 돌아갈 수밖에 없었겠죠?

이에 비해 아시아의 종교는 달랐어요. 아시아는 '신께 구원을 받는다'는 개신교의 가르침이 아니라 자연의 원리를 거스르지 않는 걸 중요하게 여기는 종교가 개인에게 영향을 끼쳤어요. 자본주의는 자연을 훼손해 공장을 만들고, 노동자는 자연스러운 현상인 잠까지 줄여가며 일하는데, 아시아에서는 이런 모습을 '욕심'으로 보았지요. 그래서 열정을 갖고 노동을 하는 건 개인의 선택일 뿐이지 신의 은총과 무관한 것으로 받아들였어요. 열심히 일한다고 해서 아무도 알아주지 않았죠.

차이가 대단하죠? 한쪽에서는 자신이 모은 돈이 바로 신의 은총을 나타낸다고 믿는데, 다른 한쪽에선 돈이 대수냐면서 대단치 않게 여겼던 것이죠. 오히려 자연의 이치를 어긴다고 화를 내기도 했죠. 이처럼 베버는 종교가 자본주의 정신과 밀접히 연결되어 있음을 관찰했던 거예요.

종교와 경제는 전혀 다른 개념인 것 같지만 종교든 경제든 인간이 만들어낸 제도이기 때문에 서로 무관하지 않아요. 사람들이 종교의 의미를 어떻게 해석하느냐에 따라 경제활동에 대한 의미 부여도 전혀 다르게 했던 것이지요. 사람들이 자신의 직업을 '신의 부름(소명)'으로 여기고 일에 몰두하는 모습은, 유럽의 성장과 이후 미국의 엄청난 경제적 발전을 설명하는 데 중요한 요인이랍니다. 『프로테스탄트 윤리와 자본주의 정신』이 명저로 꼽히는 이유는, 이처럼 세상이 돌아가는 방식이 무관한 것처럼 보이는 것들이 연결되어 복합적임을 증명했기 때문이에요. 물론 베버의 주장만으로 자본주의의 성장을 온전히 설명할 순 없어요. 하지만 개인과 사회의 복잡한 관계를 설명하고자 했던 노력은 지금도 높은 평가를 받고 있어요.

3부

사회학,
뭐가
궁금한가요?

01

사회학을 전공하면
취업하기
힘든가요?

"그 과를 나오면 취업하기에 힘들지 않을까?" 대학에 진학할 나이가 되었을 때, 사회학에 관심이 있다고 하면 주변 사람들에게 꼭 듣는 말이에요. 이 질문이 굉장히 슬픈 사회현상이란 걸 짚고 넘어갈게요. 한번 생각해 보세요. 여러분이 "나는 ○○학을 공부하고 싶어."라고 말한다면, 그건 말 그대로 그 학문이 궁금해서이죠. 그리고 나의 평소 관심 분야가 그 학문과 잘 맞는지를 순수하게 확인하고 싶은 거고요. 하지만 어떤 사람들은 당사자의 의중을 묻지도 않고, 왜 잘못된 선택을 했느냐는 눈총을 보내기도 합니다.

입학도 하기 전에 '졸업 후 취업' 걱정을 하는 분위기가 과거부터 늘 존재했던 건 아니었어요. 1997년 말, 대한민국의 경제는 IMF 구제금융 사태로 굉장히 위태로워졌어요. 많은 노동자들이 직장에서 해고를 당했고, 대학을 나오면 무난히 취업한다는 건 옛말이 되었지요. 이때부터 '취업률'은 대학과 학과를 평가하는 굉장히 중요한 잣대가 되었어요. 언론에서는 취업이 잘되냐 아니냐를 따져 대학의 순위를 매겼고 어느 순간 그 기준으로 대학의 학과들이 인기 학과와 비인기 학과로 분류되었죠.

사실, 취업이 잘되는지 아닌지를 걱정하는 질문은 사회학과를 선택하겠다는 사람들만이 받는 건 아니에요. 지금은 대학 졸업장만으로 진로가 결정되는 시대가 아니기에, 많은 이들이 취업 때문에 힘들어하지요. 그렇다면 사회학과를 나오면 특히 더 취업하기가 힘들까요? 결코 그렇지 않아요. 사회학과에서 배우는 '사회를 이해하는 능력'은 다양한 분야에서 활용돼요. 특히, 상품을 개발하고 판매하는 기업에서는 '소비자'의 취향을 분석하고 시대의 유행을 파악하는 것이 무척이나 중요한데, 사회학은 이를 가능케 하는 학문이지요. 사회의 변화를 감지하는 데는 통계자료가 무척이나 중요해요. 사회학과에서는 각종 수치에 대한 해석을 정교하게 할 능력을 키워나가지요. 그래서 사회현상을 분석하는 여론 조사 기관은 물론이고 언론사 등에 진출할 수 있답니다.

영화 「기생충」으로 아카데미 시상식에서 무려 4개의 트로피를 거머쥔 봉준호 감독이 바로 사회학과 출신이에요. 봉준호 감독은 심각한 사회문제를 유쾌하게 풀어낸다는 평가를 받지요. 시사성 있는 가사로 유명한 가수 이적이나 장기하 역시 사회학과를 나왔습니다. 이처럼 '사회를 이해하는' 사회학은 어떤 삶을 살아갈지라도 유용하게 활용될 수 있어요. 어때요? 자신이 생각하는 세상의 모습을 영화로, 음악으로, 글로 표현할 수 있는 사회학이 매력적이지 않나요?

왜 사회학은
불편한 이야기만
하나요?

친구들과 장기 자랑을 준비한 적이 있나요? 웃길 생각에 별의별 아이디어가 등장하죠. 그래서 평소에 하지 않는 분장을 하고 우스꽝스러운 춤을 추기도 해요. 하지만 '즐거우면 그만'이라는 생각에 해서는 안 될 행동을 할 때도 종종 있어요. 장애인의 말투와 행동을 흉내 내거나, 흑인 분장을 한다거나, 원시인 복장을 하고 우스꽝스럽게 춤추기 등은 잘못된 경우지요. 이것이 왜 문제냐면, 특정한 사람들에 대한 고정관념을 만들어내기 때문이에요. 장애인은 능력이 부족하다는 인상을 심어주는 것은 장애인은 차별받아도 된다는 편견으로 이어질 수 있어요. 단지 흑인 분장을 한다는 이유로 웃음거리가 된다는 건 인종을 자꾸만 구별하려는 버릇으로 이어지기에 조심해야 하고요. 또한 지금도 세계 곳곳에는 문명의 혜택을 거부하고 살아가는 사람들이 있는데, 단지 '원시적'이라는 이유로 조롱거리가 되어야 하나요?

하지만 친구들에게 "이런 건 좋지 않으니 하지 말자."라고 말을 하면 분위기는 어떻게 되죠? 매우 썰렁해지겠죠? 즐겁게 노는 시간에 왜 혼자 진지한 척해서 다른 사람들을 불편하게 하냐고 못마땅해하는 친구들도 있을 거예요. 장기 자랑 할 때만이 아니라, 명절날 친척들이 다 모였을 때를 생각해 보세요. 누군가가 왜 음식은 여자들만 하냐고 따진다면, 좋은 날에 꼭 그렇게 말해야 하냐면서 핀잔을 듣기 쉽겠죠? 그런데 이런 불편한 이야기들이 과연 틀린 주장일까요? 우리 사회가 좋아지기 위해서 반드시 필요한 귀찮음 아닐까요?

"너, 갑자기 불편해졌다." 대학에서 사회학을 공부하다가 고등학교 때의 친구들을 만나면 꼭 듣는 말이에요. 사회학을 배우면 전에는 몰랐던 고정관념이 보이고 들리죠. 그래서 친구들을 만나면 자꾸 문제 제기를 해요. 평소에 농담처럼 했던 말, 이를테면, '병신', '벙어리', '눈 뜬 장님' 같은 표현이 잘못되었다고 지적하죠. 또 "공부 못해서 가난한 건 자기 잘못이지."와 같이 학력 차별을 하는 말은 당연한 게 아니라면서 쓴소리를 해요.

사회학이 왜 불편한 이야기만 하냐는 질문에, '불편하지 않은 이야기'도 많이 한다고 해명할 수도 있어요. 하지만 그보다 더 중요한 것은 '불편한 이야기'를 할 수 있다는 게 바로 사회학의 장점이자 매력이지요. 불편하다는 건 '익숙하지 않다'는 것이지 '틀렸다', '잘못되었다'는 뜻이 아니겠죠? 당연하다고 여기는 것에 대해 누군가는 다른 생각을 해야 한다고 말할 수 있을 때, 고정관념은 사라질 수 있어요.

03

지금 사회가
과거에 비해 살기
좋아진 것 아닌가요?

"요즘 세상 좋아졌다." 스마트폰이나 디지털 기계를 사용하는 여러분을 보고 어른들이 자주 하시는 말씀이지요? 지금은 초등학생도 노트북을 사용하지만 1990년대 초반만 하더라도 집에 컴퓨터가 있는 경우가 드물었죠. 해외여행은 어떤가요? 방학 때 공항에 가면 예전보다 학생들이 정말 많아진 걸 볼 수 있어요. 분명 세상은 좋아진 것 같아요.

그런데 사회학자들은 '안 좋은 점'을 말해요. 여전히 차별이 심하고 불평등이 심각하다고 말하죠. 마치 우리나라가 문제투성이라고 말하는 것 같아요. 그래서인지 사회학자가 참여하는 토론회를 보면 꼭 이런 반론이 등장하죠.

"무슨 소리를 하시나요? 지금이 과거에 비해 살기 좋아진 걸 모르세요? 예전에는 여자란 이유로 학교도 안 보냈는데 요즘 그런 집이 어디 있나요? 불과 30~40년 전만 해도 집집마다 자동차가 있다는 건 상상도 할 수 없었지만 지금은 아니잖아요. 세상이 점점 발전하고 있다는 건 명백한 사실인데, 왜 엉터리 주장을 하는지 답답하네요."

과연 사회학자들은 거짓말을 했을까요? 사회학은 우리가 살고 있는 세상이 과거보다 좋아졌다는 걸 부정하지 않아요. 평균수명이 늘어난 것만 보아도 지금은 '좋은 세상'이죠. 예전 같으면 죽을 수 있는 병도 지금은 간단한 예방접종으로 쉽게 해결하잖아요. 대중교통도 엄청 발전했어요. 고속철도를 타면 2시간 30분 만에 서울과 부산을 오갈 수 있다니 과거에는 상상할 수 없던 일이지요. 학교도 많이 변했어요. 컴퓨터를 사용해 수업을 하고, 누구나 맛있는 점심을 먹을 수 있는 건 옛날에는 불가능했던 일이지요.

그렇다면 과거보다 좋아졌으니 지금 존재하는 나쁜 사실을 외면해야 할까요? 과거보다 살기 편해졌다고 해서 "우리가 사는 사회에는 아무 문제도 없어!"라고 말할 순 없겠지요. 예를 들어, 요즈음에는 거의 모든 음식을 배달로 시켜 먹을 수 있어요. 종류도 다양해졌고 주문하는 방식도 엄청 편해졌죠. 스마트폰만 몇 번 누르면 다 해결되니까요. 하지만 배달 노동자들의 삶은 굉장히 위태로워졌어요. 인공지능이 정한 제한 시간 내에 배달하지 못하면 정해진 보상을 받지 못할 수도 있어요. 그러니 과속하고 신호를 위반하여 사고가 날 확률도 높아졌지요. 이를 잘못되었다고 말할 수 있어야 미래가 더 좋아지겠죠? 그래서 사회학은 더 나은 미래를 위해 '지금이 정말 살기 좋아?'라는 질문을 던지는 거예요.

04

'세계화'라는 말은
좋은 뜻
아닌가요?

'글로벌 인재가 되자!' 학교 곳곳에서 볼 수 있는 문장이에요. 교장선생님께서 "세계화 시대에 적응해야 한다."라고 말씀하신 적 있죠? 우리들은 어릴 때부터 자연스럽게 '글로벌'이란 말을 접해요. 예를 들어 '세계로 나아가 성공해라.', '세계에 이름을 알려라.' 등의 표현이 그러하지요. 글로벌(global)의 뜻은 '세계적인'이고, 글로벌리제이션(globalization)은 '세계화'를 뜻해요.

세계화 시대에는 지구의 모든 나라, 모든 사람이 연결되어 있어요. 카페를 생각해 보세요. 한국 사람이, 미국 회사가 운영하는 카페에 가서, 브라질 커피콩과 일본 커피머신으로 만든 커피를, 중국산 머그잔에 담아 마시고 있어요. 또 손님들은 노트북으로 세계 곳곳에 있는 사람들과 화상통화를 하며 업무를 하지요. 여러분이 멋진 춤을 춰서 유튜브에 올리면 전 세계인이 '좋아요'를 눌러주는 모습, 별거 아닌 것 같지만 20~30년 전에는 상상도 할 수 없던 일이에요.

세계화의 장점은 전 세계에 민주주의를 확산시켰다는 거예요. 세상이 연결되면 독재자가 함부로 국민들을 대할 수 없어요. 지켜보는 눈이 많으니까요. 또 억울한 일을 당한 사람이 외부에 이를 알리면 전 세계 사람들이 관심을 가져주죠. 그래서 민주주의는 등장한 지 얼마 되지 않았지만 지금은 많은 나라에서 이를 받아들였어요.

그런데 사회학에서는 '세계화의 그늘'을 언급해요. 왜냐하면 세계화가 될수록 불평등이 더 커지기 때문이에요. 쉽게 말해서 민주주의가 전 세계의 표준이 되는 것은 세계화의 장점이지만, 자본주의가 모든 곳에 적용되면 부작용이 심해요.

선진국의 기업들은 경제개발이 되지 않은 곳을 찾아가 새로운 이익을 창출했어요. 아프리카에서는 초콜릿의 원료가 되는 카카오 재배 농장을, 남아메리카에서는 거대한 커피농장을 만들었어요. 동남아시아에서는 밀림을 밀어버리고 새우 양식장을 만들었죠. 일반적으로 기업이 어느 지역에 관심을 가지면, 그 지역의 경제가 발전한다고 하지만 그렇지 않았어요. 왜냐하면 기업들이 저렴한 노동력을 이용하여 막대한 수익을 챙겼기 때문이에요.

'세계화'라는 말이 자주 등장할수록 공교롭게도 부자 나라와 가난한 나라의 격차가 더 벌어졌어요. 가난했지만, 그래도 살아가는 데 큰 지장이 없던 사람들이 '노예처럼' 일하는 어처구니없는 일이 벌어진 거죠. 세계화라는 말은 동전의 양면 같은 거예요. 한쪽엔 세계를 상대로 돈을 벌겠다는 탐욕스러운 뜻도 있는 것이지요.

주니어 대학_사회학

05

누구나 좋은 대학에
가고 싶어 하지
않나요?

"공부 열심히 해!", "공부 안 하면 나중에 어떻게 되는지 알아?" 아마 한국인들이 태어나서 성인이 될 때까지 가장 많이 듣는 말 중 하나일 거예요. 여러분도 어려서 학습지를 풀 때나 학원을 다닐 때, 그리고 학교 시험이 다가올 때 주변 어른들로부터 자주 들었을 거예요. 공부를 잘하면 잘한다고 칭찬받고, 못하면 잘 좀 하라고 혼나기도 하지요. 솔직히 좀 힘들지요?

사회학자들은 '공부를 너무 많이 시키는' 대한민국의 교육 현실을 강하게 비판해요. "교육이 썩었다!"라는 격한 표현도 마다하지 않아요. 특히, '학력 차별'을 자주 언급해요. 학력은 한자어로 '배울 학(學)' 자에 '지날 력(歷)' 자나 '힘 력(力)' 자를 사용해요. '어디까지 배웠는지'와 '지식이 어느 정도인지'를 따지며 사람을 구분 짓는 걸 학력 차별이라고 하죠. 대학교를 나온 사람이 그러지 못한 사람을 깔보거나 시험 성적으로 남을 무시하는 경우지요. 한국에선 이런 차별이 흔해요. "대학도 못 나온 주제에!", "공부를 못했으니 힘든 일 하는 거지." 등의 말이 나올 정도니까요.

하지만 학력 차별을 비판하면 "공부 잘하고 싶은 건 본성이다.", "좋은 대학 가고 싶은 게 왜 잘못이냐?"면서 동의하지 않는 사람도 많아요. 모두가 공부 안 하고 학교에 안 다니면 그 사회가 잘되겠냐면서 빈정거리기도 하죠. 사회학은 공부를 하지 말자고 주장하지 않아요. 공부를 자신과 타인을 비교하는 도구로 삼는 걸 경계하는 것이에요.

시험을 쳐서 등수를 매기는 걸 '경쟁 교육'이라고 해요. 고등학교에서는 학기마다 두 번의 시험을 치르고 그 결과를 대학 입학시험에 반영하죠. 또 대학에 가기 위해서는 지원자들이 모두 같은 날에 딱 한 번 '수학능력시험(수능)'을 치러야 할 때도 있죠. 기자가 되려면 언론사 시험에 합격해야 하고, 9급 공무원이 되려면 100분에 100문제를 풀어 고득점을 받아야 해요. 그리고 점수 하나로 사람의 운명이 달라지죠. 불과 몇 점 차이로 누구는 원하는 대학이나 직장에 합격하고 누구는 떨어져요. 단 1점 차이로 합격과 불합격이 갈리기도 하고요. 그리고 그 1점 차이로 어떤 사람은 '공부를 못했다'고 차별을 받기도 해요.

사회학은 한국인들이 '자기 성장'이 아니라 '남보다 잘하는' 공부를 하는 걸 비판해요. 영어와 수학을 어제보다 잘한다면 그 자체로 뿌듯한 것이어야 하는데 누구보다 잘했다고 칭찬받고, 못했다고 주눅 들어서는 안 되겠죠? 만약 유명한 대학에 간 사람만 행복하다면, 그 사회를 과연 좋다고 할 수 있을까요?

06

다양한 가족 형태를
인정하자는 건
무슨 말인가요?

학교에서 '가족'을 주제로 그림을 그리거나 가족사진을 친구들에게 소개한 적 있지요? 그림과 사진이 서로 비슷비슷했을 거예요. 일단 어른 두 명이 등장할 거예요. 한 명은 남자이고 한 명은 여자예요. 이들을 아빠, 엄마라고 하지요. 그리고 아이가 한 명 혹은 두 명이 있죠. 사진을 보면 주변 사람들은 이렇게 말하죠? "너는 아빠를(엄마를) 닮았구나!"

하지만 모든 가족이 이러할까요? 흔히들 남자와 여자가 결혼하고 출산해서 자녀가 있는 모습을 '정상 가족'이라고 하는데, 사회학자들은 '정상'이라는 표현에 예민해요. 왜냐하면 무엇을 정상으로 규정하면 그렇지 않은 게 비정상처럼 여겨지니까요. 사람이 결혼하지 않으면 비정상일까요? 결혼하지 않고 출산을 하면 비정상일까요? 결혼을 했는데도 출산을 하지 않으면 비정상일까요? 자녀를 입양해서 키우면 비정상일까요? 그리고 남자가 남자와, 여자가 여자와 사랑하고 결혼하고 자녀를 입양하면 지구가 망하기라도 할까요?

남자와 여자가 결혼하여 아기를 직접 낳아 기르는 건 가족 형태일 뿐이에요. 결혼과 출산이 모든 사람의 의무는 아니겠죠? 그래서 최근에는 결혼하지 않은 상태를 일컬을 때 '비혼'이라는 표현을 썼어요. 1인 가구는 계속 늘고 있는 추세인데, '엄마, 아빠, 자녀'를 가족 형태의 전부라고 생각해서는 안 되겠지요? 또 출산은 결혼을 하지 않아도 할 수 있어요. 사람들은 다양한 이유로 이혼을 해요. 가족사진에 엄마, 아빠가 동시에 등장할 수 없는 사람들이 많다는 거지요.

모든 사람이 '이성', 그러니까 남자는 여자를, 여자는 남자를 사랑하는 것도 아니에요. 모든 역사서에는 '동성'끼리(남자가 남자를, 여자가 여자를) 사랑했다는 기록이 있어요. 이건 태어날 때부터 '타고난' 거예요. 다만 10명 중 9명은 이성끼리 사랑을 하는 형태이기에 이성 커플만을 정상이라고 여겼던 거지요. 지금은 미국을 비롯하여 전 세계의 수십 개 나라에서 동성결혼을 허용해요.

"아빠는 왜 없어?", "넌 부모님 중 누구랑 닮았어?" 등의 물음은 누군가에게 상처가 될 수 있어요. 20~30대 성인들은 명절에 "결혼 언제 하냐?", "아이는 언제 낳아?" 등등의 말을 듣는 걸 가장 싫어하죠. 사람의 인생을 틀에 맞추어 보는 건 결코 옳지 않아요. 그래서 사회학에서는 다양한 가족 형태를 인정하자고 주장해요. 이를 위해서는 '정상 가족은 없다'는 생각을 가져야 해요.

07

왜 국가가
가난한 사람들을
도와줘야 하나요?

TV에서 '복지정책'을 주제 삼아 찬반 토론을 할 때, 사회학자들이 꼭 등장해요. '혜택을 받을 사람이 더 많아져야 한다.', '복지정책 비용을 더 늘려야 한다.'라고 주장하죠. 이처럼 사회학은 불평등의 격차를 줄일 수 있는 여러 방법들을 고민해요. 왜냐하면 '가난'은 개인의 삶에 큰 영향을 끼치는 변수이기 때문이죠.

가난해서 교육을 제대로 받지 못하면 저임금 노동자로 살아갈 가능성이 매우 높아요. 돈도 없고 시간도 없으니 여행 한 번 편히 가지 못하겠죠? 또 병원을 가는 것도 주저할 테고요. 아프면 치료받고 다시 일하면 되겠지만 모두가 그럴 수 있는 건 아니에요. 그래서 사회학에서는 빈곤층이 가난에서 벗어날 수 있도록 사회에서 도움을 주어야 한다고 주장하죠.

하지만 왜 열심히 공부해서 돈 잘 버는 사람들의 세금으로 노력도 하지 않은 가난한 사람을 도와줘야 하냐는 반론도 있어요. '자본주의사회에서는 어쩔 수 없다.', '자기가 공부 안 해서 못사는 사람에게 국가가 보상을 하면 누가 열심히 살려고 하겠냐?'면서 화를 내는 사람들도 있죠. 계속 도와주다 보면 사람들이 편하게만 살려고 할 것이다 등의 이야기도 덧붙이죠. 어떤 정치인은 "복지가 많아지면 국민들이 나태해진다."라고 말하기도 했어요.

사실일까요? 물론 그렇게 보일 수도 있어요. 하지만 그건 가난의 '원인과 결과'를 혼동한 경우가 많아요. 가난한 사람이 매일 술을 마시거나, 운동도 하지 않고 몸에 좋지 않은 음식을 먹는 모습을 보면 어떤 생각이 드세요? 대부분이 '술을 마시니까' 계속 가난한 것 아니냐, '게으르니까' 정크푸드를 먹는 거 아니냐면서 부정적으로 생각하겠죠. 즉, '그래서' 가난하다고 생각하는 것이지요.

그럴 수도 있지만, 사회학에서는 이를 지속적으로 가난하기에 나타난 결과로 이해해요. 가난에서 벗어나질 못하니 '술을 찾고', 일상에 여유가 없으니 '좋은 재료로 요리할' 엄두도 내지 못하는 것이지요. 그러니 가난한 사람들에게 밥만 먹을 수준의 돈이 아니라, 삶을 근본적으로 바꿀 지원을 해야 한다고 주장하는 거예요.

그럼 사회학은 '노력하지 말고 평생 놀자!'라고 말하는 것일까요? 우리들은 최선을 다해서 주어진 삶을 살아가야 해요. 하지만 이런 각오대로 모두의 인생이 흘러가지는 않아요. 더 노력하고, 더 절약하고 살아도 가난의 늪에서 빠져나오지 못하는 건 개인의 잘못이 아니라 '사회의 잘못'이라고 봐야 해요.

08

사회학은
범죄자를 어떻게
이해하나요?

뉴스에 등장하는 나쁜 사람들을 보면 화가 많이 나죠? 이렇게 말하겠죠. "어떻게 저런 짓을 하는지 도무지 이해할 수가 없어." 하지만 사회학은 도무지 이해할 수 없는 현상에서도 사회적 원인을 찾아요. 공부를 열심히 하는 건 개인의 노력이지만, 공부를 열심히 하게끔 가능하게 하는 요인들 중에는 개인 밖의 요소들이 많죠. 부모님의 경제력, 쾌적한 환경, 그리고 좋은 선생님을 만날 기회 등 여러 운까지 따라야 하겠죠? 마찬가지로 인성이 바르지 못해서 나쁜 짓을 한다면, 사회학은 어떤 요인들이 개인의 인성을 바르지 못하게 하는지를 따져봐요.

아동 학대를 하는 사람들이 있어요. 경찰은 범인을 잡아 수갑을 채워 끌고 가죠. 언론사의 카메라 불빛이 터져 나오고 기자들이 "왜 그랬나?"라고 물어보면 고개를 숙인 가해자는 이렇게 말해요. "훈육이라 생각했습니다." 그 대답이 황당하지만 여기엔 사회적 의미가 담겨 있어요. 훈육은 전 세계 어디에나 존재하지만 체벌은 그렇지 않죠. 즉, 훈육과 체벌은 동일한 것이 아니에요. 하지만 우리나라는 아주 오랫동안 체벌을 옹호했어요. 지금은 과거에 비해 체벌이 줄어들었지만 사라진 건 아니에요. 어떤 가정에서는 '사랑의 매'라면서 어린이를 때리는 경우가 있어요.

이 잘못된 문화 때문에 누군가는 자신이 폭행을 하면서도 훈육을 하고 있다고 착각을 하는 것이죠. 태어날 때부터 나쁜 사람이라서가 아니라, 체벌을 '엄격한 교육'인 것처럼 포장하는 문화를 어릴 때부터 접했기 때문에 나쁜 사람이 된 것은 아닐까요? 애초에 체벌을 결코 용납하지 않는 문화가 존재했다면, 아동학대의 비율을 조금이나마 줄일 수 있지 않았을까요?

어떤 범죄는 국가가 만들어내기도 해요. 국가가 신속하게 범죄자를 잡고 처벌하면 사람들은 그 범죄자의 행동을 분명한 범죄라고 인식하죠. 하지만 어떤 범죄는 체포와 처벌이 매우 느릴 때가 있어요. 예를 들어 '디지털 성범죄'는 단순히 경찰이 발로 열심히 뛴다고 파악되는 것이 아니에요. 첨단 과학기술이 동반되어야 하고 인력도 더 보충되어야 하지요. 이런 점이 개선되지 않으면 누군가는 '잡히지 않는다'고 생각하고 범죄를 대수롭지 않게 여기게 돼요.

범죄는 범죄자를 욕하고 처벌하는 것만으로는 사라지지 않아요. 어떤 요인이 범죄를 발생하게끔 했는지를 따져보고 그 배경을 개선시켜 나갈 때, 도무지 이해할 수 없는 행동을 하는 사람도 줄어들겠죠?

09

사회학자들은
어떻게
연구를 하나요?

"세상이 실험실이다." 사회학자들이 자주 사용하는 표현이에요. 하얀 가운을 입은 과학자들이 실험실에서 연구를 한다면, 사회학자들은 자신이 발을 딛고 있는 곳, 자신의 눈에 보이는 모든 것을 분석해요. 평소에도 대중교통을 이용하는 사람들의 표정을 관찰하고 병원의 풍경을 기록하죠. 당연히 스스로도 예외가 아니에요. 사회학자이기 이전에 한국인이고, 한국에서 성장한 어른이고, 누구의 보호자이고, 누구의 자녀이겠죠? 그러니 자신의 언어와 감정에 밴 사회적 냄새를 맡는 걸 마다하지 않아요.

사회학은 사회과학의 한 분야예요. 과학은 물리학, 생물학처럼 자연 이치에 대해 접근하는 자연과학과 경제학, 정치학처럼 사회현상을 분석하는 사회과학 등으로 나뉘어요. 공통점은 가설을 만들고 이를 검증하면서 이론을 만든다는 거예요. 그래서 사회학은 다른 과학처럼 자료를 수집하고 이를 해석하죠. 먼저 사람들의 말, 행동, 생각을 관찰하고 모아요. 수십 수백 명을 설문 조사하여 자료를 모으는 걸 '통계'라고 해요.

사람을 개인적으로 만나서 인터뷰를 하기도 해요. '대한민국 학생들은 학교생활에 만족하는가?'라는 물음은 설문 조사만으로는 사람들이 왜 만족하고 아닌지를 정교하게 파악할 수 없어요. 하지만 사람을 직접 만나서 진지하게 이야기를 나누면, 진짜 생각을 들을 수 있어요. 인터뷰가 끝나면 녹음한 내용을 다시 글로 옮겨

적고 어떤 단어가 반복되었는지, 헛기침이나 말을 하다가 갑자기 침묵을 한 것까지 빠짐없이 기록하고 왜 그랬을까를 고민하죠. 수집한 자료를 제대로 해석하려면 세계 여러 사회학자들의 논문과 책들을 읽어야 해요. '역사', '심리학', '인류학' 등의 내용들도 마다하지 않죠. 인류를 제대로 이해하기 위한 노력이라면 어떤 것도 소홀히 해선 안 돼요. 유행을 이해하기 위해서 소설, 가요 등 대중문화에 대한 관심도 매우 중요하죠.

사회학자들은 '시간과 공간'에 따라 같은 것이 왜 다르게 해석될 수 있는지를 끊임없이 탐구해요. 아마도 많은 분들이 치킨을 좋아할 거예요. 그런데 이 '닭 요리'가 30년 전에는 인기가 있었는지(시간), 또 현재의 다른 나라에서도(공간) 마찬가지로 누구나 좋아하는지를 궁금해하면 다양한 이야기를 할 수가 있어요. 사회학이 고정관념을 깨기 위해 노력하는 것은, 어제 중요하지 않았던 것이 오늘 달라질 수도 있고, 우리가 대수롭지 않게 여기는 걸 다른 사람들은 소중하게 받아들인다는 걸 알기 때문이죠. 그래서 늘 '의심하는 자세'를 지니며 세상을 비판적으로 바라보려고 노력해요.

10

좋은 사회를
만들기 위해
어떤 노력을 해야 하나요?

사회학은 고정관념을 깨고 불평등에 반대하면서 사회를 좋은 쪽으로 변화시키려고 해요. 하지만 사회를 바꾸는 건 평범한 사람들에겐 낯설어요. '내가 사회를 바꾼다고? 어떻게? 그건 정치인이나 시민 단체 활동가들이 하는 거 아닌가?' 하는 의문이 들죠. 그래서인지 만약 초등학생이나 중학생이 사회를 바꾸겠다고 하면 주변 어른들이 "지금은 공부할 때야."라고 선을 그어버리죠.

사회에 관심을 가질 특정한 '때'란 없어요. 누구나 언제든지 좋은 사회를 희망하고 노력해야 세상은 변화해요. 우선 친숙한 것을 낯설게 보세요. 여러분의 눈에 비친 세상의 모습은 '원래 그런 것'이 아니에요. 사회의 고정관념이 만들어낸 결과물에 불과하죠. 아빠와 엄마가 집안일을 하는 정도가 다른 것, 원래 그런 것일까요? 아들에게는 '남자라면 울면 안 되지!', 딸에게는 '여자가 왜 이렇게 조심성이 없어?'라고 꾸짖는 게 당연한 것일까요? 내 눈에 보이는 익숙한 것을 의심하며 '왜 그래야 해?'라면서 문제 제기를 하는 습관을 가져 보세요. 낯설게 보기 위해서는 다양한 생각을 접해야 해요. 독서를 많이 해야 하고 일방적으로 정보가 전달되는 디지털 매체에 지나치게 의존하면 안 돼요.

그리고 나쁜 것에 타협하지 말아야 해요. 예를 들어 차별은 반대해야 하는 것인데 '차별할 만한 이유가 있다.'면서 피해자에게 책임을 묻는 경우가 많아요. 여성이 차별을 받으면 차별을 없애기 위해 서로 머리를 맞대어야 하는데 '여자가 좀 이기적이지.', '남자는 차별 안 받아?'라고 반응하면 논의가 비켜나가죠. 또 차별 자체를 내버려두고 '차별이 싫으면 극복해!'라고 조언하는 것도 조심해야 해요. 왕따는, 하는 사람이 문제인데 당하는 사람에게 조심하라는 건 결코 옳은 게 아니에요. 외모 차별을 받는 사람에게 "살 빼고 노력하면 예뻐져!"라고 격려하는 건 나쁜 일에 타협하는 것에 불과해요.

이 사회가 더 좋은 쪽으로 변할 수 있도록 모두가 노력해야 해요. 우리가 사는 곳을 정글처럼 여겨선 안 돼요. 사람들이 사는 곳은 약육강식의 법칙이 존재하는 곳이 아니에요. 어떤 사람은 '잘난 사람이 잘나고 못난 사람이 못난 게 오히려 더 공정한 거 아니냐'라고 할 수 있지만 절대 그렇지 않아요. 잘나지 못했다고 사람답게 살지 못할 이유는 하나도 없어요. 〈송곳〉이란 만화에는 이런 장면이 나와요. "경쟁에서 졌기에 저임금 노동자가 된 거 아니냐?"라는 말에 주인공이 소리치죠. "패배는 죄가 아니요, 우리는 벌 받기 위해 사는 게 아니란 말이오!"